Volker Kessler

Gottes große Angebote

Vom Noahbund zum Neuen Bund

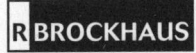

RB*taschenbuch Bd. 619*

© 2003 R. Brockhaus Verlag Wuppertal
Umschlag: Dietmar Reichert, Dormagen
Gesamtherstellung: Breklumer Druckerei Manfred Siegel KG
ISBN 3-417-20619-7
Bestell-Nr. 220 613

Gewidmet meiner Frau Martina
zum zwanzigjährigen Bestehen unseres *Ehebundes*
und unseren Kindern
Emanuel, Natanja, Micha und Josia,
Nachkommen dieses Bundes.

Gemeinsam freuen wir uns als Familie
über das Leben im *Neuen Bund*.

INHALT

IV. Der Sinaibund

V. Der Davidbund

VI. Der Neue Bund – von Gott angekündigt

VII. Der Neue Bund – von Jesus eingesetzt

Verzeichnis der Tabellen

Verzeichnis der Abbildungen

Einladung: »Mit dir will ich meinen Bund aufrichten«

Mit diesen Worten aus 1. Mose 6,18[1] wird in der Bibel der Begriff »Bund« eingeführt. Es sind Gottes Worte an Noah. Eigentlich könnten sie auch als Überschrift der ganzen Bibel dienen, denn Gott lädt die Menschen ein, in seinen Bund einzutreten. Das ist Gottes großes Angebot. Und das ist das große Thema der Bibel: Gott möchte in Beziehung zu den Menschen treten.

Die Bibel berichtet über die Dynamik der Beziehungsgeschichte zwischen Gott und den Menschen. Gott möchte Segen, er will Heil für alle Völker (1. Mose 12,3). Die Geschichte der verschiedenen Bundesschlüsse berichtet von dem Auf und Ab dieser Beziehung. Sie zeigt, wie Gott diese Beziehung immer wieder aufbaut, wie Menschen sie gefährden und wie schließlich Gott liebevoll und kraftvoll die Beziehung verwirklicht.

Wozu schreibe ich ein solches Buch über die Bundesschlüsse der Bibel? Ich bin weder Alt- noch Neutestamentler. Hauptsächlich halte ich Seminare für christliche Führungskräfte. Ein Ziel christlicher, dienender Führung ist es, die Selbstverantwortung *aller* Gemeindeglieder zu fördern. Geistliches Urteilsvermögen und Mündigkeit setzen aber Kenntnisse der Grundlinien biblischer Lehre voraus. Diese Kenntnis der biblisch-theologischen Zusammenhänge darf nicht denen vorbe-

> Denn wir sollen nicht mehr Unmündige sein, hin- und hergeworfen und umhergetrieben von jedem Wind der Lehre. (Epheser 4,14)

---

[1] Bibelstellen werden nach der *Revidierten Elberfelder Übersetzung* zitiert.

halten bleiben, die das Privileg hatten, eine biblisch-theologische Ausbildung zu genießen. Deshalb ist Literatur notwendig, die erstens über die Auslegung einzelner Bibelabschnitte hinaus biblisch fundierte Theologie vermittelt, zweitens anschaulich ist und drittens theologische Laien weder durch die Sprache noch durch den Umfang des Buches, einen gewaltigen Fußnotenapparat oder anderes akademische Beiwerk erdrückt. Mit anderen Worten: Solche Literatur soll *einen einfachen Zugang* zu biblischen Themen schaffen, *ohne* dabei unzulässig *zu vereinfachen*.

Theologische Fachsprache hat – wie jede Spezialistensprache – zwei Effekte: Einerseits hilft sie zur Präzision, andererseits grenzt sie den Laien aus dem Kreis der Spezialisten aus. Diese Abgrenzung möchte ich nicht. Deshalb benutze ich in diesem Buch kein theologisches Fachvokabular.

Dieses Buch ist für alle geschrieben, die sich für Zusammenhänge in der Bibel interessieren. Es vermittelt einen Überblick über ein Thema, zu dem manches in der theologischen Fachliteratur zu finden ist. Meines Wissens liegt aber bisher abgesehen von Lexikonartikeln keine Abhandlung in deutscher[2] Sprache vor, die sich auf dieses Thema »Bünde in der Bibel« konzentriert.

Eine Übersicht bringt es mit sich, dass manche Details unscharf bleiben. Wer an bestimmten Stellen tiefer einsteigen möchte, findet Hinweise in den Fußnoten und der Literaturliste. In den Fußnoten finden sich auch gelegentlich Diskussionen mit anderen Auffassungen als derjenigen, die im Haupttext entfaltet wird.

---

[2] Im Englischen gibt es etliche Literatur zum Thema »Bund«, siehe z.B. W. J. Dumbrell, *Covenant and Creation. A Theology of the Old Testament Covenants*; S. L. McKenzie, *Covenant*; L. Richards, P. Richards (ill.), *Every Promise in the Bible*.

Das vorliegende Buch eignet sich nach meiner Erfahrung gut für das Gespräch im Hauskreis oder in einer Seminarreihe. Aus einer solchen Seminarreihe, die ich in verschiedenen Gemeinden gehalten habe, ist es auch entstanden. Ein Kapitel lässt sich gut an einem Abend besprechen.[3] Man hätte somit eine Reihe mit sieben Abenden. Als Abschluss bietet es sich an, am letzten Abend gemeinsam das Abendmahl als Zeichen des Neuen Bundes zu feiern.

Ziel des Buches:
Nach der Lektüre …
– freuen Sie sich über Gottes Wunsch, mit Ihnen in Beziehung zu treten;
– sehen Sie (mindestens) einen roten Faden in Gottes Heilsgeschichte im Alten Testament bis hin zum Neuen Testament;
– erkennen Sie, wie Gott sich in den verschiedenen Bünden offenbart hat;
– verstehen Sie den Neuen Bund vor dem Hintergrund der früheren Bünde;
– können Sie entscheiden, welche Gebote des Alten Testaments für den Christen gelten;
– freuen Sie sich über die Heilsgewissheit, die Gott Ihnen im Neuen Bund anbietet!

Sie werden sehen, dass das Thema »Bund« viel mit dem Missionsgedanken Gottes »Heil für alle Völker« zusammenhängt. Überall dort, wo dieses Thema explizit angesprochen wird, weist Sie diese kleine Weltkugel ⊕ darauf hin.

---

[3] Falls die Besprechung des Sinaibundes (Kap. IV) für einen Abend zu viel ist, kann man den Priesterbund (Abs. IV. d) zusammen mit dem Davidbund (Kap. V) am fünften Abend behandeln.

Mein *Dank* gilt allen, die sich die Mühe gemacht haben, mein Manuskript zu lesen und mich mit wichtigen Korrektur- und/oder wertvollen Ergänzungsvorschlägen zu versorgen: René Schäfer, Beate Scheithauer, Karl Schock, Pfr. Johannes Stahl, Hans-Rudolf Wever sowie Martina und Emanuel Kessler. Hans-Werner Durau, Lektoratsleiter beim R. Brockhaus Verlag, danke ich für die gute und engagierte Zusammenarbeit und die konstruktiven Verbesserungsvorschläge. Uns verbindet – neben dreizehn gemeinsam erlebten Schuljahren – das Anliegen, Theologie lebendig und kompakt darzustellen.

Gummersbach, im Januar 2003   Volker Kessler[*]

---

[*] erreichbar unter *Volker.Kessler@acf.de*

I. Wozu sich mit den Bünden beschäftigen?

a) Das Alte Testament lesen – wozu?

Über drei Viertel unserer Bibel besteht aus dem so genannten Alten Testament. Wenn die ganze Bibel Gottes Wort ist, müsste also allein vom schieren Umfang her das Studium des Alten Testaments bei uns eine »gewichtige« Rolle spielen.

> Ihr erforscht die Schriften, … und sie sind es, die von mir zeugen.
> (Johannes 5,39)

Auch Jesu Bemerkung in Johannes 5,39 sollte uns eigentlich ermuntern, das Alte Testament zu studieren, weil es uns von Gott und von Jesus erzählt. »Eigentlich« – denn in der täglichen Bibellese und auch, wenn wir Andachten oder Predigten vorbereiten, fühlen wir uns beim Alten Testament häufig überfordert.

Das Alte Testament ist faszinierend und herausfordernd zugleich. Manche Geschichten begeistern uns, weil sie wie ein Bilderbuch neutestamentliche Aussagen illustrieren. (Manche dieser »Bilder« verwirren uns allerdings, weil uns ihre Symbolik fremd ist.) Alles in allem gilt aber doch für die meisten von uns: *Wir kennen viele Geschichten aus dem Alten Testament, erkennen aber keine Geschichte hinter den Geschichten.*

> Und von Mose und von allen Propheten anfangend, erklärte er ihnen in allen Schriften das, was ihn betraf.
> (Lukas 24,27)

Auch die Emmausjünger hatten Schwierigkeiten, den Sinn der Geschichte zu sehen. Auch sie hatten keinen Blick für die Zusammenhänge. Wie gut, dass sie einen Ausleger hatten, der ihnen einen roten Faden von Mose bis hin zu den Propheten aufzeigte!

b) Der Bund – ein roter Faden im Alten Testament bis hin zum Neuen Testament

Gibt es überhaupt einen roten Faden im Alten Testament? Oder besteht das Alte Testament aus voneinander unabhängigen Erzählungen von Gottes Handlungen, denen man keinen gemeinsamen roten Faden unterstellen darf? Ich denke, dass Gott sehr zielorientiert handelt, dass die Geschichte Gottes mit dieser Welt auf ein Ziel hinausläuft, und dass das Alte Testament davon berichtet, wie dieses Ziel verfolgt wird. Dieses zielorientierte Handeln Gottes offenbart sich sehr deutlich bei dem Studium der verschiedenen Bünde, die Gott eingesetzt hat, und deren Erfüllung er verfolgt hat und noch verfolgt.

Walther Eichrodt ordnete seine erstmals 1933 erschienene *Theologie des Alten Testaments* unter den Begriff des »Bundes«. Er stellte sich der Aufgabe, »die Religion, von der die Urkunden des Alten Testaments berichten, als eine trotz wechselvoller geschichtlicher Schicksale in sich geschlossene Größe von beharrender Grundtendenz und gleichbleibendem Grundtypus darzustellen.«[4] Eichrodt sah also deutlich die Einheit in aller Verschiedenheit der biblischen Schriften.

[4] Walther Eichrodt, *Theologie des Alten Testaments. Teil I*, V.

> Als Inbegriff des Handelns Gottes in der Geschichte ist der Bund nicht ein Lehrbegriff ..., sondern die charakteristische *Bezeichnung einer Lebensbewegung*, die zu einer bestimmten Zeit und an einem bestimmten Ort eingesetzt hat, um eine in der ganzen Religionsgeschichte einzig dastehende Gotteswirklichkeit offenbar zu machen. ...
> Der Begriff des Bundes, in dem sich für israelitisches Denken die Beziehung des Volkes zu Gott entscheidenden Ausdruck verlieh, stellt die Besonderheit israelitischer Gotteserkenntnis von vornherein fest.
> Walther Eichrodt, *Theologie des Alten Testaments, Teil I,* S. VII bzw. S. 9.

Auch wenn man darüber diskutieren kann, ob es überhaupt *einen* zentralen Begriff im Alten Testament gibt und ob »Bund« dieser Begriff ist: Fest steht, dass »Bund« *ein* zentrales Thema im Alten Testament ist, welches sich im Neuen Testament fortsetzt und das Neue mit dem Alten Testament verbindet. Der Bund ist eine der wichtigsten thematischen Klammern, die die beiden Testamente verbindet. Es lohnt also, den roten Faden zu verfolgen.

c) Die Gebote des Alten Testaments – was ist für uns noch von Bedeutung?

Manche Verheißungen aus dem Alten Testament sprechen wir uns gerne gegenseitig ganz bedenkenlos zur Glaubensstärkung zu, selbst wenn sie ursprünglich nur dem Volk Israel oder gar Einzelpersonen gegolten haben. Bei den alttestamentlichen Geboten sind wir, was ihre Anwendbarkeit für heute angeht, unsicher und differenzieren stärker. Manche Gebote sind uns dann wichtig, andere übergehen wir mit der Begründung, diese gelten nicht für Christen bzw. nicht für uns heute.

Es gibt christliche Gruppen, wo man(n) mit Hinweis auf 5. Mose 22,5 Wert darauf legt, dass Frauen keine Hosen tragen. Die gleichen Christen halten sich aber bei ihrem Hausbau nicht an das Gebot, ein Geländer um das Dach zu bauen, obwohl es sich nur drei Verse nach dem Kleidergebot befindet (5. Mose 22,8). Möglicherweise ist manchen dieses Gebot gar nicht bewusst – aber dann stellt sich die Frage, wieso einem das eine Gebot so wichtig ist, und man das andere Gebot gar nicht wahrnimmt.

> Männerzeug darf nicht auf einer Frau sein, und ein Mann darf nicht das Gewand einer Frau anziehen. ... Wenn du ein neues Haus baust, dann sollst du ein Geländer um dein Dach machen.
> (5. Mose 22,5.8)

> 3. Mose 19,18: Du sollst dich nicht rächen und den Kindern deines Volkes nichts nachtragen und sollst deinen Nächsten lieben wie dich selbst. Ich bin der Herr.
>
> 3. Mose 19,19: Meine Ordnungen sollt ihr halten. Dein Vieh von zweierlei Art sollst du sich nicht begatten lassen; dein Feld sollst du nicht mit zweierlei Samen besäen, und ein Kleid, aus zweierlei Stoff gewebt, soll nicht auf dich kommen.

Noch auffälliger ist die Situation bei zwei aufeinander folgenden Versen in 3. Mose 19. Vers 18 fordert zur Nächstenliebe auf. Dieses Gebot ist für alle Christen zentral, denn Jesus selbst würdigte es als eines der zwei wichtigsten Gebote überhaupt (Matthäus 22,39). Der nächste Vers verbietet unter anderem das

Tragen von Mischgewebe. Dieses Verbot ignorieren wir völlig, anscheinend ohne Gewissensbisse.

Mit welchem Recht machen wir solche Unterschiede? Und was bewegt uns, Vers 18 zu achten und Vers 19 zu missachten? Gelten manche Verpflichtungen aus dem Alten Testament auch noch für Christen, andere aber nicht? Das Studium der Bünde und ihr Verhältnis soll helfen, hier eine Lösung zu finden.

d) Was ist eigentlich ein »Bund«?

Wir denken bei einem Bund automatisch an einen Vertrag zwischen zwei gleichwertigen Partnern. Das muss bei den biblischen Bünden nicht unbedingt so sein, denn das deutsche Wort »Bund« gibt den dahinter stehenden hebräischen Ausdruck *berît* nur zum Teil wieder.

Das hebräische Wort *berît* findet sich 287-mal im Alten Testament.[5] Allein diese Zahl zeigt die Wichtigkeit des »Bundes«-Begriffs für das alttestamentliche Gottesvolk. Allerdings ist in diesen Zusammenhängen nicht nur von Bünden Gottes mit den Menschen die Rede. *Berît* bedeutet wörtlich *Verpflichtung*, etwas Bestimmtes zu tun, und bezeichnet ursprünglich nicht ein »Verhältnis«, sondern die »Bestimmung«, »Verpflichtung«, die das Subjekt des *berît* übernimmt.[6] Für eine solche Verpflichtung gibt es drei Varianten:

1. Die Selbstverpflichtung: Häufig ist es, dass sich ein Mächtiger dabei gegenüber einem Schwächeren selbst verpflichtet.

---

[5] Siehe Ernst Kutsch, »*berît* Verpflichtung«, 341.
[6] Ebd., 342. Kutsch hält deshalb die Übersetzung »Bund« für unpassend.

Dies ist der Fall, als Josua mit den Gibeonitern »eine *berît* schneidet« (s. 1.5) und sich dabei verpflichtet, die Gibeoniter am Leben zu lassen (Josua 9,15). Es kann allerdings auch sein, dass sich der Unterlegene gegenüber dem Sieger selbst verpflichtet, so der geschlagene Aramäerkönig Ben-Hadad gegenüber dem König Ahab von Israel (1. Könige 20,34).

2. *Die auferlegte Verpflichtung:* Hier legt das (stärkere) Subjekt der *berît* einem (schwächeren) Gegenüber, d.h. demjenigen, mit dem es die *berît* schneidet (s. 1.5), eine Verpflichtung auf. So verpflichtet z.b. Nebukadnezar den jüdischen König Zedekia (Hesekiel 17,13ff).

3. *Die gegenseitige Verpflichtung:* »Von der Selbstverpflichtung aus kann es zur Übernahme wechselseitiger Verpflichtungen durch zwei oder mehrere Partner zur gegenseitigen *berît* kommen.«[7] So schneiden z.b. König Salomo und König Hiram von Tyrus eine *berît* (1. Könige 5,26), um den gegenseitigen Frieden zu sichern. Gegenseitig ist nach 1. Samuel 23,18 wohl auch die *berît* zwischen David und Jonatan. Auch die Ehe zwischen Mann und Frau wird als *berît* bezeichnet (Maleachi 2,14).

e) Das Ritual

Da sprach er (Gott) zu ihm (Abraham): Bring mir eine dreijährige Jungkuh, eine dreijährige Ziege, einen dreijährigen Widder, eine Turteltaube und eine junge Taube. Und er (Abraham) brachte ihm alle diese. Und er (Abraham) zerteilte sie in der Mitte und legte je einen Teil einem anderen gegenüber. (1. Mose 15,9-10)

[7] Ebd., 343.

Seltsam mutet uns diese Schilderung in 1. Mose 15 an. Um diese Szene, in der Gott einen Bund mit Abraham schließt, zu verstehen, müssen wir uns vergegenwärtigen, was man damals unter einem Bund verstand, und wie dieser üblicherweise geschlossen wurde.

Ein Bund, eine *berît*, wird immer »geschnitten«. Dabei werden ein oder mehrere Tiere zerschnitten. Die Selbstverpflichtung wird bekräftigt durch Selbstverfluchung, bei der man zwischen den Teilen des zerlegten Tieres hindurchgeht und mit dieser Handlung ausdrückt: »Wenn ich meine Zusage nicht halte, soll es mir gehen wie diesen Tieren.«

Auf diese Praxis verweist Jeremia 34,18-19, wo Gott an den Bundesschluss erinnert: »Und ich will die Männer, die meinen Bund übertreten haben, die die Worte des Bundes nicht gehalten haben, den sie vor mir geschlossen haben, wie das Kalb machen, das sie entzweigeschnitten und zwischen dessen Stücken sie hindurchgegangen sind: Die Obersten von Juda und die Obersten von Jerusalem, die Hofbeamten und die Priester und das ganze Volk des Landes, die zwischen den Stücken hindurchgegangen sind …«

Diese Selbstverfluchungspraxis ist ebenfalls außerbiblisch belegt, z.B. durch einen aus dem 8. Jh. v.Chr. stammenden Vertrag zwischen den zwei nordaramäischen Königen Bargaja und Mati-el: »Gleich wie dieses Kalb zerschnitten wird, so soll Mati-el zerschnitten werden und sollen seine Großen zerschnitten werden.«[8]

Der Ausdruck *berît* entwickelte sich in Israel zu einem Begriff, um die besondere Beziehung zwischen Israel und seinem Gott zu beschreiben. Somit ist seine Wiedergabe mit »Bund«

---

[8] Zitiert nach Walther Zimmerli, *Grundriß der alttestamentlichen Theologie*, 42.

durchaus sinnvoll.[9] Im Einzelfall muss dann näher bestimmt werden, was dies alles beinhaltet.

Sofern *berît* sich auf einen Bund mit Gott bezieht, wird dieser Begriff nur benutzt, wenn ein dauerhaftes Verhältnis gemeint ist, das die Lebensspanne *eines* Menschen übersteigt. Wenn Gott eine *berît* mit einzelnen Personen (Abraham, Pinhas, David) schneidet, sind die Nachkommen immer ausdrücklich eingeschlossen. Bei einem Propheten, dessen Berufung nur für ihn, aber nicht für seine Nachkommen gilt, wird nie von einer *berît* gesprochen.[10]

f) Und was heißt »ewiger Bund«?

Gott spricht bei allen Bundesschlüssen von einem »ewigen Bund«: beim Noahbund (1. Mose 9,16), Abrahambund (1. Mose 17,7), Sinaibund (2. Mose 31,16), Priesterbund (4. Mose 25,13), Davidbund (2. Samuel 7,13) und dem Neuen Bund (Hesekiel 37,26). Dies zeigt an, dass diese Bünde langfristig gedacht sind. Es bedeutet aber nicht notwendig, dass sie kein Ende haben. Das Neue Testament erklärt den Sinaibund und das levitische Priestertum für »annulliert« (Hebräer 7,18) bzw. »überlebt, dem Verschwinden nahe« (Hebräer 8,13).

Im Hebräischen bedeutet »ewig« keine Zeitlosigkeit im abstrakten Sinne. Es meint einen verhüllten, unabsehbaren Zeitraum, eine »fernste Zeit«. So wünscht z.B. Batseba dem König David in 1. Könige 1,31 ein »ewiges Leben«, obwohl sie gerade

---

[9] Siehe z.B. Zimmerli, *Grundriß*, 41, oder ausführlicher S. Herrmann, »Bund – eine Fehlübersetzung von *berît*?«, 220.

[10] Zimmerli, *Grundriß*, 47.

vorher über seine Nachfolgeregelung gesprochen haben. Wenn ein Sklave seinem Herrn für »ewig dienen« soll, so ist dies natürlich durch den Tod begrenzt, und nicht, wie in unserem Sprachgebrauch, unendlich (2. Mose 21,6).

g) Wie viele Bünde gibt es?

Es gibt unterschiedliche Ansichten über die Anzahl der Bünde. Die begriffliche Unterscheidung »Altes Testament« und »Neues Testament« vermittelt den Eindruck, als ob es im Wesentlichen zwei Bünde gäbe: den Bund, von dem die Bücher des Alten Testaments berichten, und der aus Sicht des Neuen Testaments als *Alter* Bund bezeichnet wird, und der *Neue* Bund, der diesen abgelöst hat. Ganz so einfach ist es aber nicht, denn auch wenn Israel sich im Alten Testament immer auf *den* Bund bezieht, werden z.B. in Stellen wie Jeremia 33,20-21 drei Bundesschlüsse genannt. Das Neue Testament differenziert ausdrücklich zwischen den verschiedenen Bundesschlüssen im Alten Testament: Römer 9,4 und Epheser 2,12 sprechen beide im Plural von »Bündnissen«.

Das Neue Testament betrachtet aber nicht alle Bundesschlüsse im Alten Testament als überholt. Paulus beispielsweise unterscheidet in Galater 3,17 zwischen dem Abrahambund und dem Sinaibund: »Einen vorher von Gott bestätigten Bund macht das vierhundertdreißig Jahre später entstandene Gesetz nicht ungültig, so dass die Verheißung unwirksam geworden wäre.«

Der »Bund« in Israel besteht genau genommen aus mehreren, ineinander verwobenen Bünden. Besonders wichtig sind unter diesen der Abrahambund, der Sinaibund, der Davidbund und der angekündigte Neue Bund. Wenn das Neue Testament vom Alten Bund spricht, der eben durch den Neuen Bund »veraltet« (Hebräer 8,13) ist, bezieht sich dies auf den Sinaibund (und den dazu gehörigen Bund mit den levitischen Priestern). Der Abrahambund und der Davidbund hingegen bestehen in dem Neuen Bund weiter. Der Noahbund gilt unabhängig davon für alle Menschen und nicht nur für Israel.

Wir kommen somit zu folgender Einteilung[11]:

1. Noahbund
2. Abrahambund
3. Sinaibund
4. Davidbund
5. Neuer Bund – von Gott angekündigt und von Jesus eingesetzt.[12]

---

[11] Diese Zählung entspricht beispielsweise den Zählweisen von F. F. Bruce, *Zwei Testamente – eine Offenbarung,* Kap. 5 und 6; von W. J. Dumbrell, *Covenant and Creation*, und von F. C. Fensham, E. J. Schnabel und T. Pola im Lexikonartikel »Bund«.

Sie führt mehr Bünde auf als z.B. der *Katechismus der katholischen Kirche*, 168, oder als z.B. von evangelischer Seite Rolf Rendtorff, *Theologie des Alten Testaments, Band 2,* 19-33. Beide sehen Abraham-, Sinai- und Davidbund im Wesentlichen als *einen* Bund.

Diese Zählung führt aber andererseits weniger Bünde auf als die Scofield-Bibel, die von acht Bündnissen ausgeht, siehe dort die Fußnoten 20 und 21 zu 1. Mose. Für diese Abweichung gibt es zwei Gründe: Erstens sind in meinen Ausführungen nur solche Bünde berücksichtigt, wo die Bibel selbst von einem »Bund« spricht. Dies ist bei den in der Scofield-Bibel aufgeführten Bündnissen in Eden (1. Mose 2,16) und mit Adam (1. Mose 3,15) nicht der Fall. (Hosea 6,7 ist kein Beleg für einen Bund mit Adam, denn Adam bezeichnet dort höchstwahrscheinlich die in Josua 3,16 erwähnte Stadt, nicht den Menschen Adam.) Zweitens ist meines Erachtens der Moabbund (5. Mose 28,69ff) kein eigenständiger Bund, sondern eine Bestätigung und Erweiterung des Sinaibundes, näheres siehe Abschnitt IV. c).

[12] Manche Leser erwarten vielleicht Informationen zum »Tausendjährigen Reich« in Verbindung mit dem Bundesthema. Eine sorgfältige Erörterung dieser Thematik würde sehr viel Raum beanspruchen. Deshalb gehe ich nicht darauf ein.

II. Urgeschichte:
3 Weltkrisen – 3 Verheißungen

Die ersten elf Kapitel der Bibel beschreiben die Urgeschichte oder, so könnte man auch sagen, die Universalgeschichte, denn hier stehen alle Völker explizit im Blickpunkt. Nach 1. Mose 11 konzentriert sich das Alte Testament auf die Geschichte Gottes mit dem Volk, das er aus allen anderen Völkern erschafft und für sich erwählt. Verweise auf andere Völker findet man im späteren Verlauf des Alten Testaments nur noch gelegentlich und wenn, wird zumeist nur ihr Verhältnis zu Israel angesprochen.

Viele Weltkrisen haben uns in den vergangenen Jahrzehnten erschüttert. Das zwanzigste Jahrhundert hat die Weltkriege erfunden. Heute leben viele in der Angst, dass aus lokalen Krisen Weltkrisen werden könnten. Drei solcher Weltkrisen werden auch schon in der Urgeschichte erwähnt.

Die Beschreibung dieser drei frühen Weltkrisen zeigt jeweils das gleiche Muster: Zunächst wird die Krise beschrieben, die durch eine Sünde der Menschen entsteht, dann wird gezeigt, wie Gott einerseits richtet, andererseits aber im Gericht auch einen Ausweg zeigt. Gottes Gericht ist ernst. Es verdeutlicht aber in gewissem Sinne auch Gottes Gnade, denn die Tatsache, dass Gott überhaupt eingreift, zeigt, dass ihm die weitere Entwicklung der Menschheit nicht egal ist. Er hätte ja auch irgendwo im Weltraum mit einer neuen Menschensorte neu beginnen und die Menschen auf der Erde links liegen lassen können. Auch wird in den drei Gerichten zugleich Gottes Heilswille deutlich. Denn jedes Mal verheißt er einen hoffnungsvollen Ausweg.

a) Krise 1: Der Sündenfall

Krise	Der Mensch will sein wie Gott.
Gericht	Vertreibung aus dem Paradies; Folge: Mühsal und Tod.
Verheißung	Gott verheißt der Frau einen Nachkommen, der die Schlange besiegt.

Der Sündenfall und seine Konsequenzen werden in 1. Mose 3 beschrieben. Die Krise beginnt damit, dass die Menschen sein wollen wie Gott (V. 5). Dieses Streben lässt sie auf die Lügen der Schlange hereinfallen. Adam und Eva essen von der verbotenen Frucht. Das Gericht besteht in der Vertreibung aus dem Paradies (V. 23). Dadurch können die Menschen dem Tod nicht mehr ausweichen (V. 19 und 22). Aber auch das Leben vor dem Tod ist von nun an mit Mühsal für beide Geschlechter verbunden. Der Frau werden zwei Strafen angekündigt (V. 16): erstens Schmerzen bei der Schwangerschaft, zweitens die Unterordnung unter den Mann.[13] Der Mann wiederum wird nur noch unter Mühsal ernten können (V. 17-18). Inmitten dieses Gerichtswortes gibt Gott aber auch ein Wort der Verheißung: Er verheißt der Frau einen Nachkommen, der die Schlange besiegen wird (V. 15). Aus Sicht des Neuen Testament kann man diesen Vers als ersten Hinweis auf den Erlöser Jesus Christus sehen. 1. Mose 3,15 wird deshalb häufig auch als *Protevangelium*, als »erstes Evangelium« bezeichnet.[14]

---

[13] Dass der Mann über die Frau herrschen wird, ist hier keine Anweisung für den Mann, sondern eine Prophetie für die Frau! Die Menschengeschichte zeigt leider, dass Männer häufig diese Macht gegenüber der Frau missbrauchten, anstatt sie zu lieben, wie Christus die Gemeinde liebt (Epheser 5,25).

b) Krise 2: Die Sintflut – der Noahbund

Krise	Die Menschen sind böse und verdorben.
Gericht	Die Sintflut zerstört fast alle Lebewesen.
Neuanfang	Gott schließt einen Bund mit Noah.

1. Mose 6-9 berichtet von der zweiten globalen Krise, der Sintflut. Die Menschen zur Zeit Noahs werden als böse und verdorben beschrieben (1. Mose 6,5). Konkret nennt 1. Mose 6,2.4 die sexuelle Verbindung der Menschen mit den »Söhnen Gottes«.[15] Als Konsequenz will Gott die Menschheit in einer großen Flut vernichten (V. 6 und V. 7). Vor diesem Gericht bewahrt er nur Noah und seine Familie.

In 1. Mose 6,18 finden wir zum ersten Mal das Wort »Bund«. Die Bewahrung Noahs ist schon Teil des Bundes, den Gott mit Noah aufrichten will. Nach dem globalen Gericht versichert Gott, dass sich eine solche Sintflut nicht wiederholen wird. 1. Mose 9,8-17 berichtet von dem Bund, den Gott mit Noah und seinen Nachkommen (V. 9) sowie allen Lebewesen (V. 10) macht. Es ist ein Neuanfang: Gottes Bundesschluss mit Noah und seinen Söhnen betrifft dabei alle Völker. Es gibt kein Volk, kein Lebewesen, das hierin nicht eingeschlossen wäre. *Der Noahbund ist universal.*

---

[14] Die Interpretation, dass in 1. Mose 3,15 wirklich Jesus gemeint ist, ist allerdings nicht hundertprozentig gesichert. Denn das Neue Testament verweist zwar zweimal auf 1. Mose 12,3, aber nirgends explizit auf 1. Mose 3,15.

[15] Es ist unklar, wer damit gemeint ist. Eine Interpretation ist, dass dies gefallene Engel seien. Andere meinen, dass es sich um Mischehen mit den Nachkommen Sets (= der dritte Sohn Adams und Evas) handelt. Aber auch andere Anschauungen werden vertreten.

Inhalt dieses Bundes ist das Versprechen Gottes, keine zweite Sintflut zu senden (V. 11). An den Menschen wird in den Versen 8-17 keine Bedingung gestellt. Dieser Bund ist ein ohne Bedingungen gegebenes, »reines Heilsversprechen Gottes für die ganze Welt«.[16] Nur Gott geht eine Verpflichtung ein. Zum Zeichen für den Bund gibt Gott den Regenbogen (V. 12-17): »Wenn der Bogen in den Wolken steht, werde ich ihn ansehen, um an den ewigen Bund zu denken zwischen Gott und jedem lebenden Wesen unter allem Fleisch, das auf Erden ist« (V. 16). In Jesaja 54,9 erinnert Gott noch einmal an diesen Bund mit Noah.

Noahbund	
Inhalt	Bewahrung der Schöpfung; keine zweite Sintflut
Partner	alle Lebewesen
Verpflichtung	einseitig (nur Gott verpflichtet sich)
Zeichen	Regenbogen

Tabelle 1: Noahbund

---

[16] Zimmerli, *Grundriß*, 46.

c) Krise 3: Der Turmbau zu Babel

Krise	Die Völker wollen einen Turm bauen, der bis zum Himmel reicht, um sich einen Namen zu machen und um nicht zerstreut zu werden.
Gericht	1. Sprachenverwirrung,
	2. Zerstreuung der Völker über die ganze Erde.
Neuanfang	Gott erwählt Abraham und verheißt Segen für alle Völker.

In 1. Mose 10 werden in der so genannten *Völkertafel* siebzig Völker aufgeführt. Diese siebzig Völker repräsentieren in diesem Zusammenhang die gesamte Weltbevölkerung.

Die Geschichte vom Turmbau zu Babel in 1. Mose 11 erklärt die Ursache für die Zerstreuung der Völker. Sie beschreibt das erste menschliche Großprojekt und seine Folgen. Die Menschen wollen einen Turm bauen, der bis zum Himmel reicht, um sich einen Namen zu machen und um nicht über die ganze Erde zerstreut zu werden (V. 4). Mit diesem Wunsch widersetzen sie sich Gottes Gebot aus 1. Mose 9,1, die Erde zu füllen. Denn dafür müssten sie sich ausbreiten und dürften nicht zusammenbleiben.[17] Die Menschen haben bei diesem Bauvorhaben ein gemeinsames Ziel und eine effektive Kommunikation (1. Mose 11,6). Gott sieht, dass ihnen mit diesen beiden Voraussetzungen nichts mehr unmöglich sein wird (V. 6b). Deshalb nimmt er ihnen ihre Kommunikationsfähigkeit. Nun können sie einander nicht mehr verstehen (V. 7). Konsequenterweise passiert den Menschen nun genau das, wovor sie sich durch den Turmbau schützen wollten: Sie werden über die ganze Erde verstreut (V. 8).

---

[17] Das in 1. Mose 11,4 benutzte hebräische Wort kann sowohl »sich zerstreuen« wie auch »sich ausbreiten« meinen.

Die Geschichte vom Turmbau schließt mit einem gnadenlo-
sen Gottesgericht über die Menschheit. So scheint die ganze
Urgeschichte wie mit einer schrillen Dissonanz abzubrechen,
und die eben schon formulierte Frage stellt sich nun noch viel
dringlicher: Ist das Verhältnis Gottes zu den Völkern nun endgültig zerbrochen, ist Gottes gnädige Geduld nun doch er-
schöpft? Das ist die lastende Frage, der kein nachdenklicher
Leser von Kap. 11 ausweichen kann; ja, man kann sagen,
dass unser Erzähler durch die ganze Anlage seiner Urgeschichte diese Frage geradezu erzeugen und in aller Schwe-
re wach werden lassen will. Erst dann ist der Leser recht vorbereitet, das seltsame Neue aufzunehmen, was nun auf die
trostlose Turmbaugeschichte folgt, die Erwählung und Se-
gensverheißung Abrahams. Wir stehen hier also an dem
Punkt, wo sich Urgeschichte und Heilsgeschichte ineinander
verzahnen, und damit an einer der wichtigsten Stellen des Alten Testaments überhaupt.
Gerhard von Rad, *Das erste Buch Mose/Genesis,* S. 117.

Hier hört in der Bibel die so genannte *Urgeschichte* auf, und die so
genannte *Vätergeschichte* beginnt mit der Berufung Abrahams.
»Die Turmbaugeschichte ist … das Ende eines Weges …, den der
Mensch mit dem Sündenfall betreten hat, und der zu immer schwe-
reren Ausbrüchen der Sünde geführt hat.«[18] Auf den ersten Blick
könnte man die nun folgenden Texte in 1. Mose 12ff so verstehen,
als ob Gott sich nicht mehr um die Völker kümmern wolle. Denn er
erwählt Abraham und schafft sich mit ihm ein neues Volk, dem er
sich im Besonderen zuwendet. Aber der tiefere Sinn der Erwählung
Abrahams liegt gerade in der Beantwortung der offenen Frage der
Urgeschichte: *In Abraham* sollen *alle (!)* Völker gesegnet werden
(1. Mose 12,3). Das führt uns nun zum Abrahambund.

---

[18] Gerhard von Rad, *Theologie des Alten Testaments Band 1,* 177.

III. Der Abrahambund

1. Mose 3-11 beschreibt das Problem der Menschheit: Die Sünde der ersten Menschen führt die Menschen immer weiter von Gott weg. 1. Mose 12ff zeigt die Lösung für die Menschheit: Gott schafft sich ein Volk, durch das Heil zu allen Menschen kommen soll.

a) Abrahams Berufung

Geographisch setzt die Vätergeschichte dort an, wo die Urgeschichte aufhörte: in Babylon. Abraham wird aus Ur in Babylonien berufen (1. Mose 15,7). Wann Abraham gelebt hat, wissen wir nicht genau. Manche datieren sein Leben auf etwa 2000-1850 v.Chr.[19], bei anderen Zählweisen würde man Abrahams Geburt auf ca. 2160 v.Chr. datieren[20]. Als Richtgröße lässt sich gut merken, dass Abraham etwa um 2000 v.Chr. lebte (+/– 150 Jahre).

---

[19] Z.B. K.A. Kitchen, T.C. Mitchell und T. Pola. »Chronologie des AT«, 342.

[20] In 1. Könige 6,1 wird der Beginn des Tempelbaus unter Salomo beschrieben. Diesen Beginn kann man ziemlich genau auf ca. 965/964 v.Chr. datieren. (Vgl. Helmuth Egelkraut (Hrsg.), *Das Alte Testament. Entstehung – Geschichte – Botschaft*, 797.) Gemäß 1. Könige 6,1 war der Auszug aus Ägypten 480 Jahre vorher, also ca. 1445. Nach 2. Mose 12,40 war Israel 430 Jahre in Ägypten (vgl. 1. Mose 15,13; Apostelgeschichte 7,6; Galater 3,17), womit die Ankunft von Jakob in Ägypten etwa im Jahre 1875 gewesen sein müsste. Jakob war nach 1. Mose 47,9 bei der Ankunft 130 Jahre alt, d.h. etwa um 2005 geboren. Da Isaak bei Jakobs Geburt gemäß 1. Mose 25,26 sechzig Jahre alt war, müsste Isaak etwa 2065 v.Chr. geboren worden sein und Abraham gemäß 1. Mose 21,5 etwa 2165 v.Chr. Es ist allerdings möglich, dass manche dieser Zahlenangaben als Symbol für eine Vollzahl (z.B. 40 Jahre oder 12-mal 40 Jahre) zu verstehen sind. Das Zahlenverständnis im Alten Orient war sicher anders als das heutige, wobei *anders* nicht mit *falsch* gleichzusetzen ist.

Direkt bei seiner Berufung teilt Gott Abraham sein großes Ziel mit:

> Und der Herr sprach zu Abram: Geh aus deinem Land und aus deiner Verwandtschaft und aus dem Haus deines Vaters in das Land, das ich dir zeigen werde!
> Und ich will dich zu einem großen Volk machen,
> und ich will dich segnen,
> und ich will deinen Namen groß machen ...
> und in dir sollen gesegnet werden alle Völker der Erde.
> (1. Mose 12,1-3)

Zunächst erhält Abraham in Vers 2 drei Zusagen:

(1) Gott macht ihn zu einer *großen Nation*,
(2) er bekommt persönlich *Segen*,
(3) Gott wird *Abrahams Namen groß machen*.

Hier spürt man wie so oft die Ironie der Geschichte: Die Völker wollten sich mit dem Turmbau selbst einen großen Namen machen (1. Mose 11,4), was an Gottes Eingreifen scheitert. Aber Gott will *Abrahams* Namen groß machen. Da, wo Gott einen Namen groß machen will, da wird er groß werden!

Vers 3 zeigt auf, dass Gott mit der Erwählung Abrahams ein über Israel hinausgehendes Ziel verfolgt. In Abraham sollen alle Völker der Erde gesegnet werden. Petrus erinnert später in seiner Predigt das Volk Israel daran, dass dies eben die Vision Gottes in Bezug auf Israel war: »Ihr seid die Söhne der Propheten und des Bundes, den Gott euren Vätern verordnet hat, als er zu Abraham sprach: Und in deinem Samen werden gesegnet werden alle Geschlechter der Erde« (Apostelgeschichte 3,25). Gott wendet sich in 1. Mose 12 nicht von den anderen Völkern ab.

> Die Schrift aber, voraussehend, dass Gott die Nationen aus
> Glauben rechtfertigen werde, verkündigte dem Abraham die
> gute Botschaft voraus:
> »In dir werden gesegnet werden alle Nationen.«
> (Galater 3,8).

In Galater 3,8 heißt es, dass Gott hier dem Abraham die gute
Botschaft, das Evangelium, voraus verkündigte. Denn der Segen
Abrahams kommt eben in Jesus Christus zu den Völkern (Galater 3,14). Das Ziel ist das Gleiche: Gott will immer noch Heil für
alle, aber der Weg, die Methode, die Gott wählt, ist ab 1. Mose
12 anders. Diesen Weg werden wir im Folgenden nachgehen.

In 1. Mose 12,3 tritt der Missionsgedanke Gottes ganz deutlich zutage. Der Gedanke der Mission taucht also bereits im Alten Testament auf. Dieser Gedanke hat seinen Ursprung im Wesen Gottes. *Wer sich in der Mission, in der Ausbreitung des Rei-
ches Gottes engagiert, hat das Vorrecht, an der Verwirklichung
eines großen Ziels teilhaben zu dürfen, das Gott Abraham vor
4000 Jahren offenbart hat!*

b) Der Bundesschluss mit Abraham

Der eigentliche Bundesschluss mit Abraham wird in 1. Mose 15
beschrieben. »An jenem Tag schloss der Herr einen Bund mit
Abram« (V. 18a). In diesem Kapitel werden zwei Inhalte des
Bundes erwähnt: (1) viele Nachkommen (V. 5) und (2) Land (V.
7 und V. 18-21). (Dass der in 1. Mose 12,3 erwähnte Segen auch
zum Bund gehört, ergibt sich aus den Bestätigungen (siehe d)
und Apostelgeschichte 3,25, wo Petrus 1. Mose 12,3 dem Bund

zuordnet.) Diese Verheißungen waren ja schon in 1. Mose 12 zugesagt worden. Hier werden sie in einer feierlichen Selbstverpflichtung Gottes bestätigt, nachdem sie durch drei Dinge drohten, in Gefahr zu geraten:

– erstens durch Abrahams eigenes Verhalten: Er gab seine Frau als seine Schwester aus, was dazu führte, dass der Pharao sie für seinen Harem in Anspruch nahm (1. Mose 12,10ff; vgl. S. 40);
– zweitens durch den Konflikt mit seinem Neffen Lot, der zur Aufteilung des Landes führte (1. Mose 13);
– und drittens durch den Angriff feindlicher Könige (1. Mose 14).

> Und es geschah, als die Sonne untergegangen und Finsternis eingetreten war, siehe da, ein rauchender Ofen und eine Feuerfackel, die zwischen diesen Stücken hindurch fuhr. (1. Mose 15,17)

Gott spricht in 1. Mose 15 zu Abraham durch einen damals allgemein bekannten Ritus (s. I. e). Dass Abraham zunächst Tiere zerteilt und sie so auflegt, dass sich eine Gasse dazwischen bildete (V. 9-10), liegt im Rahmen dessen, was üblich war. Was aber dann passiert, ist sensationell: Während Abraham schläft, macht Gott einen Bund mit ihm! Gott alleine geht als Feuerfackel durch die zerschnittenen Tiere. *Kaum vorzustellen, schier unbegreiflich, aber wahr: Gott setzt sich durch diese symbolische Handlung dem Todesfluch aus, sollte die mit dem Bund versiegelte Verheißung nicht eingelöst werden.* Das ist Gottes Antwort auf Abrahams Frage aus Vers 8: »Herr, Herr, woran soll ich erkennen, dass ich es (das Land) in Besitz nehme?« Abraham ist unsicher, ob er die Erfüllung der

Verheißung jemals erleben würde. Durch die symbolische Handlung antwortet Gott quasi: »Ich, ich alleine stehe dafür gerade, dass die Verheißung eintrifft.« Abraham schläft bei diesem Bundesschluss, er kann folglich zu der Erfüllung der Verheißung überhaupt nichts beitragen!

Abrahams Glaube

> Und er glaubte dem Herrn und er rechnete es ihm als Gerechtigkeit an. (1. Mose 15,6)

Obwohl der Begriff »Glaube« im Neuen Testament eine zentrale Rolle spielt, wird er im Alten Testament selten verwendet. Einer der wenigen Stellen ist 1. Mose 15,6: Abraham antwortet auf Gottes Verheißung mit Glauben. Mehrfach wird der Vers 1. Mose 15,6 im Neuen Testament zitiert: Römer 4,3.9; Galater 3,6 und Jakobus 2,23, jedes Mal im Zusammenhang mit der Diskussion »Errettung aus Glaube oder aus Werken?«.

Glauben heißt im Hebräischen *hä'amin*. Es ist abgeleitet von dem Wort *aman*, welches bedeutet: »fest«, »zuverlässig«, »sicher« und »treu«. Der Gebetsschluss *Amen* erinnert an diesen Wortstamm. Glauben »bedeutet ursprünglich das vertrauensvolle Sich-Verlassen auf und Sich-Festmachen in Gottes Festigkeit, Treue und Wirklichkeit, den Glauben an seine Verheißung«.[21]

Abrahams Glauben wird erwähnt im Zusammenhang mit der Verheißung der Nachkommen. Einer dieser Nachkommen ist Jesus Christus: Er ist Abrahams eigentlicher Nachkomme, wie Paulus in Galater 3,16 betont: »Dem Abraham wurden die Ver-

---

[21] Otto Betz, »Glaube«, 768.

heißungen zugesagt und seiner Nachkommenschaft. Er spricht nicht: ›und seinen Nachkommen‹ wie bei vielen, sondern wie bei einem ›und deinem Nachkommen‹, und der ist Christus.«

c) Die Beschneidung als Zeichen des Abrahambundes

> V. 4a: Dies ist mein Bund mit dir: Du wirst zum Vater einer Menge von Völkern werden.
> V. 5: ... Abraham soll dein Name sein ...
> V. 7: Und ich werde meinen Bund aufrichten zwischen mir und dir und deinen Nachkommen nach dir durch alle ihre Generationen zu einem ewigen Bund, um dir Gott zu sein und deinen Nachkommen nach dir.
> V. 10: Dies ist mein Bund, den ihr halten sollt ...: alles, was männlich ist, soll bei euch beschnitten werden;
> V. 11: ... Das wird das Zeichen des Bundes sein zwischen mir und euch. (1. Mose 17,4-11)

1. Mose 17 bestätigt den Abrahambund und gibt zusätzlich ein Zeichen für diesen Bund: die Beschneidung. Auch die Beschneidung ist ein Ritus, der im Alten Orient schon bekannt war. Er wurde anlässlich der Geschlechtsreife des Mannes vollzogen und sollte den Mann vermutlich gegen Unheil schützen. Gott benutzt diesen bekannten Ritus und legt ihm für Abraham eine neue Bedeutung bei: Er ist nun ein Zeichen des Bundes. *Mit der Beschneidung bindet sich Abraham an den einen Gott.* Aufgrund dieses Zeichens spricht Stephanus später in seiner Rede vor dem Hohen Rat von dem Abrahambund als dem »Bund der Beschneidung« (Apostelgeschichte 7,8).

Abraham soll den Bund »halten, bewahren« (V. 11) durch die Beschneidung aller männlichen Nachkommen. Wer unbeschnitten bleibt, wird ausgerottet, denn er hat damit den Bund ungültig gemacht (V. 14). Gibt es also doch eine Bedingung für die Verheißung? Denn auch 1. Mose 17,1-2 liest sich wie eine Bedingung: »Lebe vor meinem Angesicht, und sei untadelig! Und ich will meinen Bund zwischen mir und dir setzen.« Müsste man dann beim Abrahambund – entgegen den vorigen Überlegungen zu 1. Mose 15 – nicht doch von einer gegenseitigen Verpflichtung sprechen?

Hierzu ist dreierlei zu bemerken:

Erstens bezieht sich die genannte Verpflichtung auf Abrahams Seite nur auf das *Zeichen* des Bundes, für den Inhalt hatte sich Gott verpflichtet.

Zweitens ist zu unterscheiden zwischen dem Bund als Ganzes und dem Verhalten Einzelner. Ein untadeliges Leben, »den Weg des Herrn bewahren, Gerechtigkeit und Recht zu üben« (1. Mose 18,19), ist die angemessene Antwort des Menschen auf die Selbstverpflichtung Gottes. Wenn ein Einzelner sich nicht an das Gebot hält, trifft ihn die Strafe. Damit ist aber nicht der Bund als Ganzes unwirksam gemacht. Ein Nachkomme Abrahams, der sich nicht an den einen Gott bände, würde die Verheißungslinie dennoch weitergeben, ohne allerdings persönlich von dem Segen zu profitieren.[22]

Drittens erfolgt die Beschneidung *nach* der Zusage der Gerechtigkeit (1. Mose 15,6) oder, um mit Paulus zu sprechen:

---

[22] Vgl. hierzu Walther Zimmerli: »Man wird trotz dieses Gebotes nicht von einem konditionierten Bund reden können, da die Strafe nur den einzelnen Ungehorsamen treffen, den Bund in seiner Gänze aber nicht unwirksam machen wird.« *Grundriß*, 46, sowie in ähnlicher Grundaussage Walter C. Kaiser, *Toward an Old Testament Theology,* 94.

»Bezieht sich diese Seligpreisung nun auf die Beschneidung oder auch auf das Unbeschnittensein? Denn wir sagen, dass der Glaube dem Abraham zur Gerechtigkeit gerechnet worden ist. Wie wurde er ihm denn zugerechnet? Als er beschnitten oder als er unbeschnitten war? Nicht in der Beschneidung, sondern in dem Unbeschnittensein. Und er empfing das Zeichen der Beschneidung als Siegel des Glaubens, den er hatte, als er unbeschnitten war, damit er Vater aller sei, die im Unbeschnittensein glauben, damit ihm die Gerechtigkeit zugerechnet werde« (Römer 4,9-11). Der zur Gerechtigkeit führende Glaube geht der Beschneidung zeitlich voraus.

1. Mose 17,6 gibt ferner einen inhaltlichen Zusatz zum Abrahambund, der vorher nicht ausdrücklich genannt wurde: Gott verheißt Abraham, dass Könige aus ihm hervorgehen werden (vgl. S. 62).

d) Bestätigungen des Abrahambundes

Bei Abraham: Abraham erhält noch zweimal Gottes Bestätigung für die Verheißungen, einmal im Zusammenhang mit seiner Bitte für Sodom (1. Mose 18,18), ein weiteres Mal im Zusammenhang mit der Opferung seines Sohnes Isaak (1. Mose 22,16-18). Abraham soll ausge-

Ich schwöre bei mir selbst, spricht der Herr, deshalb, weil du das getan und deinen Sohn, deinen einzigen, mir nicht vorenthalten hast, darum werde ich dich reichlich segnen und deine Nachkommen überaus zahlreich machen wir die Sterne des Himmels. ... Und in deinem Samen werden sich segnen alle Nationen der Erde dafür, dass du meiner Stimme gehorcht hast.
(1. Mose 22,16-18)

rechnet den Sohn opfern, der die Erfüllung seiner Verheißung bedeutet. Er stellt seinen Gehorsam Gott gegenüber damit also über die Verheißung. Würde man diese Stelle isoliert betrachten, so könnte man aufgrund von Vers 16 meinen, dass die Erfüllung der Verheißung eben doch an eine Bedingung geknüpft war. Aber die Verheißung wurde ja schon viel früher gegeben. Hier wird sie noch einmal bekräftigt. Das Verhalten von Abraham zeigt, dass er dem Bund angemessen lebt.

Bei Isaak: Abraham hat bis zu diesem Zeitpunkt zwei Söhne: Ismael von der Magd Hagar und Isaak von seiner Frau Sara. Ismael erhält auch Gottes Segen, aber Gottes *berît* gilt nur für Isaak (1. Mose 17,19-21). Gott spricht Isaak diese Ver-

> Aber auch für Ismael habe ich dich erhört: Siehe, ich will ihn segnen und ... ihn zu einer großen Nation machen. Aber meinen Bund werde ich mit Isaak aufrichten.
> (1. Mose 17,20-21)

heißung persönlich zu (1. Mose 26,2-5). Vier Bestandteile werden genannt: (1) persönlicher Segen, (2) viele Nachkommen, (3) Land, (4) Segen für alle Völker.

Bei Jakob: Auch Isaak hat zwei Söhne, Esau und Jakob, doch nur Jakob wird zum Träger der Verheißungslinie. Esau hatte zwar relativ schnell auf sein Erstgeburtsrecht – und die damit verbundene geistliche Führungsverantwortung – verzichtet (1. Mose 25,29-34), den Segen jedoch, insbesondere das damit verbundene Wohlergehen, hätte er gerne gehabt (1. Mose 27). Hebräer 12,16-17 beschreibt Esau als einen Gottlosen, der zwar den Segen »mit Tränen eifrig suchte«, aber nicht zu Gott umkehrte. Gott beruft den Jüngeren, Jakob, als Träger der Verheißungslinie. Schon vor der Geburt heißt es: »Der Ältere wird dem Jüngeren dienen« (1. Mose 25,23; vgl. Römer 9,11-13). Isaak gibt den Segen Abrahams an den Zweitgeborenen Jakob weiter (1. Mose 28,4). Während Jakobs Reise nach Haran begegnet ihm Gott im Traum (1. Mose 28,12-15). Gott stellt sich ihm vor als der Gott Abrahams und Isaaks und bestätigt Jakob gegenüber die Verheißungen: (1) Land, (2) viele Nachkommen, (3) Segen für alle Völker. Er sagt ihm zu: »Ich werde dich nicht verlassen, bis ich getan, was ich zu dir geredet habe« (V. 15).

Bei Jakobs Kindern: Erst nach Jakob geht die Verheißung von jeweils einem Verheißungsträger über auf alle Nachkommen (1. Mose 48 und 49). Alle zwölf Stämme werden in dem verheißenen Land wohnen. Das Erstgeburtsrecht geht über an Juda, den vierten Sohn: »Nicht weicht das Zepter von Juda noch der Herrscherstab zwischen seinen Füßen weg« (1. Mose 49,10a). Ruben, der Erstgeborene, hat sein Erstgeburtsrecht verwirkt, weil er das Lager seines Vaters entweiht hatte (1. Mose 35,22; 49,4). Simeon und Levi, Jakobs zweiter und dritter Sohn, werden übergangen wegen ihrer grausamen Rache an den Sichemitern (1. Mose 34,13-29; 49,4). So geht der Herrscherstab über an Juda. Zu seinen Nachkommen zählen König David und dessen Nachfolger und schließlich der König aller Könige, Jesus Christus.

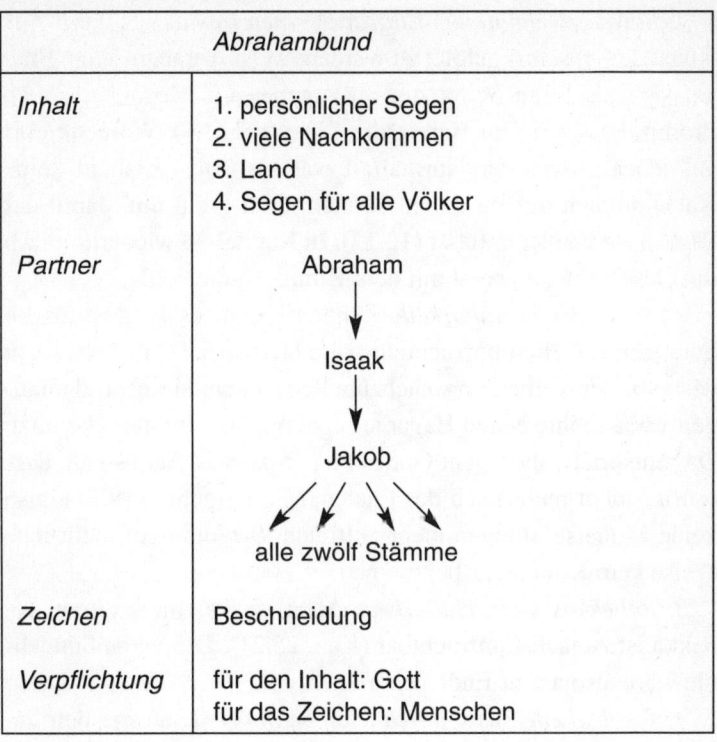

Abrahambund	
Inhalt	1. persönlicher Segen 2. viele Nachkommen 3. Land 4. Segen für alle Völker
Partner	Abraham ↓ Isaak ↓ Jakob ↙ ↓ ↓ ↘ alle zwölf Stämme
Zeichen	Beschneidung
Verpflichtung	für den Inhalt: Gott für das Zeichen: Menschen

Tabelle 2: Abrahambund

e) Hindernisse in 1. Mose auf dem Weg zur Verheißung

Verfolgt man ausgehend von dem erstmaligen Zusprechen der Verheißung in 1. Mose 12,1-3 den weiteren Fortgang des ersten Mosebuchs, so fällt auf, dass die Verheißung an manchen Stellen stark gefährdet erscheint. Sechs Ereignisse sind hier zu nennen:

1. Saras (zweimaliger) Eintritt in einen fremden Harem: Aus Angst davor, selbst getötet zu werden, weist Abraham seine Frau an, sich als seine Schwester auszugeben (1. Mose 12,12-13). Prompt landet sie im Harem des Pharao (12,15). Wäre sie dort geblieben – was der Normalfall war –, hätte Abraham keine Nachkommen mit ihr haben können. Gott greift ein, damit der Pharao sie wieder entlässt (12,17). In Kapitel 20 wiederholt sich die Geschichte, diesmal mit dem König Abimelech.

2. Saras Unfruchtbarkeit: Zunächst sieht es so aus, als ob Sara grundsätzlich unfruchtbar wäre (Kap. 16,2). Sara versucht deshalb, der Verheißung nachzuhelfen, indem sie nach damaligem Brauch ihre Magd Hagar als eine Art »Leihmutter« benutzt. Das entspricht aber nicht Gottes Plan. Später ist Sara so alt, dass es ihr »nicht mehr nach der Frauen Weise ergeht« (18,11), also keine Monatsblutungen mehr auftreten. Sie kann auf natürliche Weise kein Kind mehr bekommen.

3. Rebekkas Unfruchtbarkeit: Auch Isaaks einzige Frau Rebekka ist zunächst unfruchtbar (Kap. 25,21). Die Verheißungslinie wäre also an ihr Ende gekommen.

4. Jakobs Leben wird durch Esau bedroht: »Esau war dem Jakob feind wegen des Segens, mit dem sein Vater ihn gesegnet hatte; und Esau sagte in seinem Herzen: Es nahen die Tage der Trauer, dann werde ich meinen Bruder Jakob erschlagen« (27,41). Da aber Jakob Träger der Verheißung ist, wäre damit die Linie zu Ende. Gott greift auch hier ein (Kap. 33).

5. Judas Weigerung, Tamar seinen dritten Sohn zu geben: Juda hatte drei Söhne. Tamar heiratet zuerst den Erstgeborenen und nach dessen Tod seinen Bruder Onan. Als auch dieser stirbt, hat Juda Angst, auch seinen dritten Sohn mit ihr zu verheiraten (38,11). Da aber die Königslinie über Juda verlaufen soll, wäre mit dem Aussterben von Judas Familie auch die Königslinie beendet. Durch einen Trick (sie verkleidet sich als Prostituierte) sorgt Tamar dafür, dass sie Kinder von Juda selbst bekommt und später sogar im Stammbaum Jesu erscheint (Matthäus 1,3).

6. *Eine Hungersnot bedroht Jakobs Familie:* Durch die Hungersnot in Israel besteht die Gefahr, dass Jakobs Familie stirbt (42,2). Durch den Verkauf Josefs nach Ägypten lenkt Gott es so, dass Jakobs Familie in Ägypten überleben kann. »Denn zur Erhaltung des Lebens hat Gott mich vor euch her gesandt« (45,5).

Das erste Buch Mose bezeugt, dass Gott dafür sorgt, dass seine Verheißung an Abraham erfüllt wird, auch wenn die Beteiligten sich wenig kooperativ verhalten. Da wo Abraham aus eigener Kraft versucht, der Verheißung nachzuhelfen, verkompliziert er die Sache nur: Zuerst gibt er Sara als seine Schwester aus (12,13). Später will er alles seinem Knecht Elieser vermachen, damit er wenigstens einen Nachfolger hat (15,2). Schließlich zeugt er Ismael mit der Magd Hagar; dieser macht seinem Halbbruder Isaak, dem verheißenen Sohn, das Leben schwer (21,9).

IV. Der Sinaibund

Der Sinaibund ist im 2. Buch Mose beschrieben, das auch mit dem Namen »Exodus« (Auszug) bezeichnet wird. Der Sinaibund ist nur vor dem Hintergrund der Befreiung der Israeliten aus Ägypten zu verstehen. Diese Erlösungstat ist Voraussetzung für den Sinaibund.

a) Die Vorgeschichte: Gott befreit Israel aus Ägypten

Nach 2. Mose 12,40 liegen etwa 400 Jahre zwischen Josef und Mose. 400 Jahre, in denen Gott gegenüber seinem Volk geschwiegen hat, zumindest ist uns aus dieser Zeit nichts überliefert. Das erste Kapitel von 2. Mose macht deutlich, dass die den Vätern verheißene Nachkommenschaft – siehe 1. Mose – eingetroffen ist: »Die Söhne Israels aber waren fruchtbar und wimmelten und mehrten sich und wurden sehr, sehr stark, und das Land wurde voll von ihnen« (V. 7). Sie sind so stark, dass der ägyptische Pharao Angst vor ihnen hat und sie deshalb unterdrückt (V. 10-11).

»Und es geschah während jener vielen Tage, da starb der König von Ägypten. Und die Söhne Israels seufzten wegen der Arbeit und schrien um Hilfe. Und ihr Geschrei wegen der Arbeit stieg auf zu Gott. Da hörte Gott ihr Ächzen und *Gott dachte an seinen Bund mit Abraham, Isaak und Jakob.* Und Gott sah nach den Söhnen Israels, und Gott kümmerte sich um sie« (2. Mose

2,23-25). Die Erinnerung an den Abrahambund lässt Gott eingreifen. Der Akt des Erinnerns ist in der Bibel sehr wichtig. Erinnern im biblischen Sinne bedeutet: daran denken *und* entsprechend handeln.

Die Erlösung aus Ägypten wird auch später immer wieder in Beziehung gesetzt zu den Erlebnissen der Väter. Als Gott Mose beruft, stellt er sich ihm vor: »Ich bin der Gott deines Vaters, der Gott Abrahams, der Gott Isaaks und der Gott Jakobs« (2. Mose 3,6a). Die Reaktion des Mose zeigt, dass ihm diese Vätergeschichten vertraut sind.

Und Gott redete zu Mose und sprach: Ich bin Jahwe. Ich bin Abraham, Isaak und Jakob erschienen als Gott der Allmächtige (*El Shaddai*); aber mit meinem Namen Jahwe habe ich mich ihnen nicht zu erkennen gegeben. Auch habe ich meinen Bund mit ihnen aufgerichtet, ihnen das Land Kanaan zu geben. ... Und ich habe auch das Ächzen der Söhne Israels gehört, die die Ägypter zur Arbeit zwingen, und ich habe an meinen Bund gedacht. Darum sage zu den Söhnen Israels: Ich bin Jahwe; ich werde euch herausführen unter den Lastarbeitern der Ägypter hinweg, euch aus ihrer Arbeit erretten und euch erlösen mit ausgestrecktem Arm und durch große Gerichte. Und ich will euch mir zum Volk annehmen und will euer Gott sein. Und ihr sollt erkennen, dass ich Jahwe, euer Gott bin, der euch herausführt unter den Lastarbeiten der Ägypter hinweg. Dann werde ich euch in das Land bringen, ... und ich werde es euch zum Besitz geben. (2. Mose 6,2-8)

In 2. Mose 6,2-8 stellt sich Gott bei der erneuten Berufung Mose in einer Art und Weise vor, die die Väter noch nicht gekannt hatten. Die verheißenen Nachkommen sind da, jetzt will Gott die Landverheißung erfüllen. Die Väter waren zwar schon *im* Land gewesen, aber sie hatten es *noch nicht in Besitz genommen* (V. 8).

El Shaddai bedeutet »Gott der Allmächtige«, der Schöpfer und Versorger. Der Name *Jahwe* kommt mehr als 6800-mal im Alten Testament vor.[23] Er bedeutet nach 2. Mose 3,14: »Ich bin, der ich bin.« Da nach hebräischem Denken »sein« immer auch »handeln« bedeutet, könnte man »Jahwe« auch wiedergeben mit »Ich handle, als der ich handle«, nämlich heilsgeschichtlich.[24] Jahwe ist der *Personenname*, der *Eigenname* Gottes und wird vor allem dort verwendet, wo das besondere Verhältnis zu Israel beschrieben wird. Gott offenbart sich in 2. Mose 6,7b als Erlöser Israels. An der Befreiungstat aus Ägypten wird er als Gott Israels erkannt, und so stellt er sich später vor. Etwa 125-mal heißt es im Alten Testament: »Ich bin der HERR[25], euer Gott, der euch aus Ägypten erlöst hat.«[26] *Die Erlösung aus Ägypten ist die zentrale Heilstat im Alten Testament* (analog zu Kreuz und Auferstehung im Neuen Testament).

[23] *Elberfelder Studienbibel mit Sprachschlüssel Altes Testament*, Nr. 1286.
[24] Siehe z.B. Gerhard von Rad, *Theologie des Alten Testaments Band 1*, 193ff.
[25] In vielen deutschen Bibelausgaben zeigt »HERR« in Großschreibung an, dass hier im hebräischen Grundtext »Jahwe« steht, im Unterschied zu »Adonai«, was ebenfalls für Gott, aber auch für andere »Herren« verwendet wird.
[26] Zählung laut Kaiser, *Toward an Old Testament Theology*, 12.

b) Der Bundesschluss am Sinai

Die Tora: der Weg im Bund

Wir kommen nun zum Bundesschluss am Sinai. Dort erhält Israel die Zehn Gebote. In unzulässiger Vereinfachung wird manchmal das Alte Testament mit »Gesetz« und das Neue Testament mit »Erlösung« identifiziert. Man beachte aber, dass das Gesetz erst *nach* dem Auszug aus Ägypten gegeben wurde, d.h. nach der Erlösung des Volkes Israel (2. Mose 19,4). Auch für das Alte Testament ist das Gesetz nicht der Weg zur

Ihr habt gesehen, was ich den Ägyptern angetan und wie ich euch auf Adlerflügeln getragen und euch zu mir gebracht habe. Und nun, wenn ihr willig auf meine Stimme hören und meinen Bund halten werdet, dann sollt ihr aus allen Völkern mein Eigentum sein, denn mir gehört die ganze Erde. Und ihr sollt mir ein Königreich von Priestern und eine heilige Nation sein.
(2. Mose 19,4-6a)

Gottesgemeinschaft oder Erlösung, sondern es ist Gottes *Weisung* (hebräisch *tora*), die das Leben der Erlösten in der Gottesgemeinschaft *bewahrt. Die Tora ist nicht der Weg zum Heil, sondern der Weg im Heil, d.h. im Bund. Am Anfang steht nie die Tat des Menschen, sondern die Tat Gottes.* »Aus seinem freien und gnädigen Willen hat Gott dieses Volk aus der Sklaverei Ägyptens erlöst und bindet es jetzt durch diesen Bund an sich.«[27] Überhaupt hat Israel nicht dieses negative Bild von Gesetz, wie wir es heute häufig haben. Es war und ist für sie in

---

[27] Egelkraut, *Das Alte Testament*, 171.

45

erster Linie ein Vorrecht, dass sie anders als die anderen Völker eben Gottes Weisungen kennen. Der Israelit hat »Lust am Gesetz« (Psalm 1,2). Diese Lust wird z.B. sichtbar in solch äußerlichen Zeichen wie dem Küssen der Torarollen.

Das Ziel des Bundes: Israel als priesterliches Volk

Durch den Bund wird Israel zu einer besonderen Gottesbeziehung berufen, die in 2. Mose 19,5-6a beschrieben ist (vgl. 5. Mose 26,18-19). Israel ist …
   (1) Gottes Eigentum unter den Völkern;
   (2) ein Königreich von Priestern;
   (3) ein heiliges Volk.

Der Priester ist ein Mittler zwischen Gott und dem Volk. Er vertritt einerseits das Volk vor Gott, z.B. durch Fürbitte. Andererseits spricht er in Gottes Auftrag zum Volk. Israel soll nun ein Volk von Priestern sein, d.h. Israel bekommt hier als Volk eine priesterliche Aufgabe für alle Völker: Es soll als auserwähltes Volk Priester zwischen Gott und den anderen Völkern sein. Dies ist eine Missionsverantwortung für Israel, die Israel leider kaum aktiv verwirklicht hat. Petrus wird später in 1. Petrus 2,9-10 diese Verantwortung aus 2. Mose 19,5-6 auf die Christen übertragen (siehe auch VII. b).

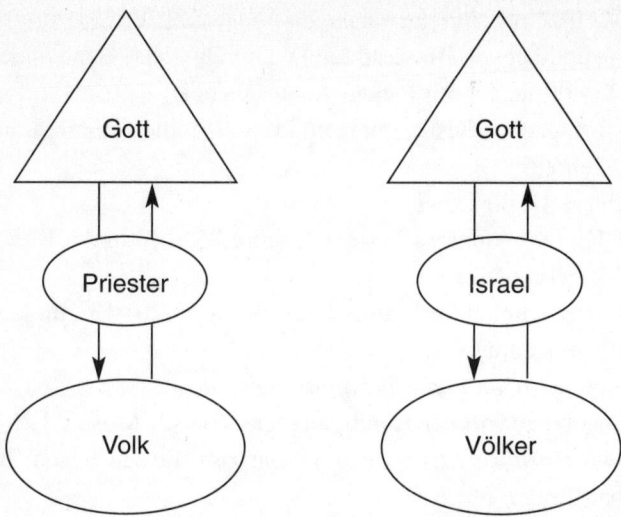

Abbildung 1: Israel als Priestervolk

Der Bund als Suzeränitäts-/Vasallenvertrag

Die Form des Bundes in 2. Mose 20,1-17 entspricht den damals üblichen Verträgen, die zwischen einem Suzerän, d.h. einem Großkönig, und einem von ihm abhängigen Vasallen geschlossen wurden.[28]

1. Die sog. *Präambel* nennt den Bundesstifter [V. 2a: »Ich bin Jahwe, dein Gott«].
2. Die *historische Einleitung* betont die Wohltaten des Großkönigs gegenüber dem Vasallen und verpflichtet Letzteren zur Dankbarkeit [V. 2b: »der dich aus Ägypten geführt hat«].

---

[28] Ebd.,170. Siehe auch Steven L McKenzie, *Covenant*, 33ff.

3. Die einzelnen *Bundessatzungen*:
   a) grundlegende Bundestreue [V. 3: »Du sollst keine anderen
      Götter neben mir haben« (erstes Gebot)],
   b) detaillierte Bestimmungen [V. 4-17: die weiteren neun
      Gebote].
4. *Weitere Verfügungen:*
   a) Hinterlegung des Textes [2. Mose 25,10ff: in der Bundes-
      lade],
   b) wiederholte Verlesungen [5. Mose 31,10-13: in jedem
      Sabbatjahr].
5. *Segenszusagen und Fluchandrohungen:*
   je nachdem, ob der Bund gehalten wird [2. Mose 23,20-33,
   sowie 5. Mose 27,12-13: Berg Garizim für den Segen, Berg
   Ebal für den Fluch].

Gott wählt also eine damals übliche, juristisch verankerte Form,
um sein Verhältnis zu Israel so zu beschreiben, dass Israel es ver-
steht.

Die ersten vier Gebote (2. Mose 20,2-11) beziehen sich auf
das Verhältnis der Menschen zu Gott, also auf die vertikale Richtung, die anderen sechs Gebote (2. Mose 20,12-17) auf das Verhalten der Menschen untereinander, also auf die horizontale
Richtung. Gott schreibt die »zehn Worte« (5. Mose 10,4), also
das Zentrum des Vertrags, auf zwei Bundestafeln, die jeweils
vorn und hinten beschrieben sind (2. Mose 32,15).

Die Zahl »zwei« verführt zu Spekulationen: Gerne wird von
der ersten Gesetzestafel mit den vertikalen und der zweiten Gesetzestafel mit den horizontalen Geboten gesprochen.[29] Auch
wenn dies ein schönes, einprägsames Bild ist: Wir wissen heute

---

[29] Dies wird dann auch gerne bildlich dargestellt. Die ersten Gebote vorne auf der
ersten Tafel, die anderen vorne auf der zweiten Tafel. Solche Bilder berück-
sichtigen gerade nicht, dass die Tafeln von beiden Seiten beschrieben waren.

nicht, warum es zwei Tafeln gab und ob auf diesen Tafeln etwas Unterschiedliches stand. Eine mögliche Erklärung für diese Anzahl ist auch, dass ein solcher Vertrag damals immer in doppelter Ausführung gemacht wurde: einmal für den Großkönig, einmal für den Vasall.

Der Bundesschluss auf beiden Seiten

Abraham schlief, als Gott den Bund mit ihm schloss. Am Berg Sinai ist die Situation anders: Das Volk Israel bekräftigt zweimal einmütig, dass es sich an den Bund halten will (2. Mose 24,3.7). »Im Abrahambund nahm Gott selbst den Eid auf sich und band sich damit durch unwiderrufliche Verheißungen an Abraham und seine Nachkommen. Im Sinaibund nimmt Israel den Eid auf sich und verpflichtet sich zum Gehorsam gegenüber der Bundessatzung.«[30]

Zum Schneiden einer *berît* wird Blut vergossen. Die For-

> Und Mose nahm die Hälfte des Blutes und tat es in Schalen, die andere Hälfte des Blutes aber sprengte er an den Altar. Und er nahm das Buch des Bunds und las es vor den Ohren des Volkes. Und sie sagten: Alles, was der Herr geredet hat, wollen wir tun und gehorchen. Darauf nahm Moses das Blut, besprengte damit das Volk und sagte: Siehe, das Blut des Bundes, den der Herr auf alle diese Worte mit euch geschlossen hat.
> (2. Mose 24,6-8)

mulierung »Blut des Bundes« wird Jesus später aufgreifen, wenn er das Abendmahl als Zeichen des Neuen Bundes einsetzt (Lukas 22,20).

---

[30] Egelkraut, *Das Alte Testament,* 169.

Die Bundeslade

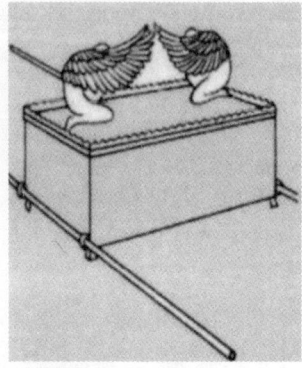

Abbildung 2: Rekonstruktion der Bundeslade

Im Zusammenhang mit dem Bund gibt Gott einen detaillierten Auftrag für den Bau eines Heiligtums, »damit ich in ihrer Mitte wohne« (2. Mose 25,8). Dazu gehört zuerst die Bundeslade (2. Mose 25,10-22). In ihr liegen die Tafeln des Bundes (2. Mose 25,16; 40,20; 5. Mose 10,5) und ein Krug mit Manna, dem Brot, mit dem Gott Israel in der Wüste ernährt hatte, sowie Aarons Stab, der auf wunderbare Weise Blüten getragen hatte, um Aaron als Gottes erwählten Priester auszuweisen (4. Mose 17,23; Hebräer 9,4).

Auch die Form der Bundeslade ist ausführlich beschrieben. An den beiden Enden der Deckenplatte steht jeweils ein Cherubim mit nach oben ausgebreiteten Flügeln (V. 18-20). Diese Cherubim formen zusammen einen Thron, einen symbolischen Sitzplatz für Gott, den »Gnadenthron« laut Lutherübersetzung. *Gott, der Schöpfer und Erhalter dieser Welt, begibt sich freiwillig auf eine Platte, die ca. 122 cm lang und 76 cm breit ist (2. Mose 25,17), um von dort mit seinen Dienern zu reden (2. Mose 25,22).*

Die Bundeslade ist somit *das* Zeichen der Gegenwart Gottes. Sie wird im Allerheiligsten, dem Inneren des Heiligtums (die Stiftshütte, später der Tempel) aufbewahrt. Auf diese Weise wohnt Gott mitten in Israel (2. Mose 29,45)! Als Zeichen der Gegenwart Gottes wird die Bundeslade wichtig bei der Erfüllung der Bundesverheißung: bei der Überquerung des Jordans in das verheißene Land (Josua 3-4), der Einnahme Jerichos (Josua 6), der ersten Stadt im verheißenen Land, sowie bei der Verkündigung der zum Bund gehörigen Segenszusagen und Fluchandrohungen auf den Bergen Garizim und Ebal (Josua 8,30ff). Auch die Philister, Israels Feinde, identifizieren die Bundeslade mit der Anwesenheit Gottes: »Da fürchteten sich die Philister und sagten: Gott ist ins Lager gekommen« (1. Samuel 4,7). Die am Sinai gebaute Bundeslade wurde wahrscheinlich 587 v.Chr. bei der babylonischen Eroberung von Jerusalem zerstört. Die prophetisch geschaute himmlische Bundeslade in Offenbarung 11,19 zeugt von der immer währenden Gnadengegenwart Gottes.

Die dreiteilige Bundesformel zur Beziehung Gott–Volk

Mit der Einführung der Bundeslade ist die so genannte *dreiteilige Bundesformel*[31] komplett. Das Verhältnis zwischen Israel und Jahwe ist durch gegenseitige Exklusivität geprägt: Jahwe ist Israels einziger Gott, Israel ist Jahwes ausgewähltes Volk, und Jahwe sucht die Gemeinschaft mit seinem Volk. Diese besondere Beziehung wird wiedergegeben durch eine dreiteilige Bundesformel: »Und ich werde in eurer Mitte leben und werde euer Gott sein, und ihr werdet mein

Dreiteilige Bundesformel:
1. Ich bin euer Gott.
2. Ihr seid mein Volk.
3. Ich will mitten unter euch wohnen.

---

[31] Manchmal werden auch nur die ersten beiden Bestandteile »Ich bin euer Gott und ihr seid mein Volk« als Bundesformel bezeichnet, siehe z.B. Rolf Rendtorff, *Theologie des Alten Testaments, Band 2*, 29. Die dritte Aussage »Ich will mitten unter euch wohnen« bindet die ersten beiden Aussagen anschaulich zusammen.

Volk sein« (3. Mose 26,12) und als Zukunftsschau in Hesekiel 37,27: »Und meine Wohnung wird über ihnen sein; und ich werde ihnen zum Gott und sie werden mir zum Volk sein.«

Die drei Teile dieser Formel sind Kernbestand des israelitischen Glaubens. Sie tauchen immer wieder auf. Der erste Teil wird zum ersten Mal erwähnt beim Abrahambund in 1. Mose 17,7-8, der zweite Teil bei Gottes Selbstvorstellung als Erlöser (2. Mose 6,7) und der dritte Teil im Zusammenhang mit dem Bau der Stiftshütte (2. Mose 25,8). Zwei der drei Bestandteile befinden sich jeweils an folgenden Stellen: in den Mose-Büchern (2. Mose 29,45; 4. Mose 15,41; 5. Mose 29,12), bei den Propheten Jeremia (7,23; 11,4; 24,7; 30,22; 31,1.33; 32,38), Hesekiel (11,20; 14,11; 36,28) und Sacharja (8,8; 13,9).

Das Neue Testament greift zweimal auf diese dreiteilige Formel zurück: in 2. Korinther 6,16 und als Vollendung beschrieben in Offenbarung 21,3: »Siehe, das Zelt Gottes bei den Menschen. Und er wird bei ihnen wohnen, und sie werden sein Volk sein, und Gott selbst wird bei ihnen sein, ihr Gott.« Die dreiteilige Bundesformel zeigt das Ziel des Heilsplanes Gottes. Sie formuliert die Beziehung Gott-Mensch.

Zwei Zeichen des Bundes : Passah und Sabbat

Im Zusammenhang mit dem Sinaibund gibt Gott zusätzlich zu der Beschneidung zwei neue Zeichen für Israel: das Passah und den Sabbat. Das Passah erinnert an die Er-

> Und auch meine Sabbate gab ich ihnen, dass sie zum Bundeszeichen seien zwischen mir und ihnen. (Hesekiel 20,12a)

lösung aus Ägypten (2. Mose 12,14ff), als auf Gottes Anordnung hin die Erstgeborenen des Volkes Israel verschont wurden, während die Erstgeborenen der Ägypter von Gott getötet wurden.

Der Sabbat, Gegenstand des vierten Gebots, ist laut 2. Mose 31,13.17 das eigentliche Zeichen des Sinaibundes.

> Und heiligt meine Sabbate.
> (Hesekiel 20,20a)

Der Sabbat als regelmäßiger Ruhetag ist etwas Neues. »Keine archaische Gesellschaft kannte einen solchen Ruhetag.«[32] Begründet wird der Sabbat mit dem Ruhetag nach der Schöpfung (2. Mose 20,11; 31,17b) und mit der Erinnerung an den Sklavendienst aus Ägypten (5. Mose 5,15), weshalb auch die Sklaven in Israel am Sabbat ruhen sollen (5. Mose 5,14). Der Prophet Hesekiel (20,12-13.20) zeigt später deutlich: Ein Brechen des Sabbats ist gleichzusetzen mit dem Brechen des Bundes.

Der Bundesbruch am Sinai

Obwohl ganz Israel die Bundesordnungen einstimmig annahm (2. Mose 24,3), lässt der erste Bundesbruch nicht lange auf sich warten. »Sie sind schnell von dem Weg abgewichen, den ich ihnen geboten habe. Sie haben sich ein goldenes Kalb gemacht, sind vor ihm niedergefallen, haben ihm geopfert und gesagt: Das

---

[32] Thomas Cahill, *Abrahams Welt. Wie das jüdische Volk die westliche Zivilisation erfand,* 131. Man beachte Cahills weiteren Kommentar zum Sabbatgebot: »Der Zusammenhang zu Freiheit und Kreativität liegt diesem Gebot unmittelbar zu Grunde: Muße ist einem freien Volk angemessen, und dieses erst jüngst befreite Volk führt diese stille, allwöchentliche Feier ihrer Freiheit bald ein; Kreativität setzt Muße voraus, und einem freien Volk steht es zu, Gottes Kreativität nachzuahmen. Das Sabbatgebot ist sicherlich eine der einfachsten und gesündesten Empfehlungen, die ein Gott seinem Volk je gegeben hat. Diejenigen, die nicht alle sieben Tage ruhen, führen ein unerfüllteres und weniger kreatives Leben.« (Ebd., 132).

sind deine Götter, Israel, die dich aus dem Land Ägypten herauf-geführt haben« (2. Mose 32,8). Israel sucht eine sichtbare Ge-wissheit. Den Gott Jahwe können sie nicht sehen und auch sein Knecht Mose ist nicht da. So greifen sie zurück auf die Stiergöt-ter, die sie in Ägypten kennen gelernt hatten. Gottes Reden vom »goldenen Kalb« ist vermutlich als Verspottung dieses Götzen zu verstehen: »Einen Stier wolltet ihr machen, ein Kalb ist es ge-worden!« In diesem Zusammenhang präsentiert Aaron eine der dümmsten Ausreden der Weltgeschichte: »Ich warf das Gold ins Feuer, und dieses Kalb ist daraus geworden« (2. Mose 32,24). Es liest sich so, als ob das Kalb rein zufällig entstanden sei. Keiner fühlte sich dafür verantwortlich, auch Aaron nicht.

Dieser zügige Bundesbruch zeigt beispielhaft auf, wie schwer sich Israel mit seiner Verpflichtung tut. Israel lebt in der Span-nung zwischen Segen und Fluch. Aus dieser Spannung vor dem Hintergrund des Sinaibundes lässt sich der weitere Verlauf der Geschichte Israels verstehen.

Der Sinaibund	
Inhalt	Israel ist … Gottes Eigentum unter den Völkern; ein Königreich von Priestern; ein heiliges Volk.
Partner	Israel
Verpflichtung	beidseitig
Zeichen	Sabbat, Passahmahl, Beschneidung

Tabelle 3: Sinaibund

c) Die Aktualisierung des Bundes in Moab und in Sichem

Obwohl der Bund mit Abraham schon beim Bundesschluss explizit alle nachfolgenden Generationen einbezog (1. Mose 17,7), wurde der Abrahambund ausdrücklich mit Abrahams Sohn Isaak und seinem Enkel Jakob bestätigt (siehe Abschnitt III. d). Bis zur zweiten Generation bekräftigt Gott jeweils den Bund durch einen eigenen Bundesschluss. Eine solche zweifache Bekräftigung sehen wir auch beim Sinaibund. Da hier die Verpflichtung auf beiden Seiten liegt, wird auch jedes Mal die Verpflichtung des Volkes zum Bundesgehorsam eingeholt.

Der Moabbund

Nach vierzig Jahren Wüstenwanderung ist eine neue Generation herangewachsen. Mose erinnert diese neue Generation an den Sinaibund und zeigt auf, dass dies auch ihr Bund ist. Die Zehn Gebote und andere Anweisungen werden ausführlich wiederholt (5. Mose 5-26). Somit ist klar: Das geschichtliche Ereignis zwischen Jahwe und der Vätergeneration fand vor 40 Jahren statt, ist aber auch unmittelbare Gegenwart für die

> Und Mose rief ganz Israel herbei und sprach zu ihnen: Höre, Israel, die Ordnungen und die Rechtsbestimmungen, die ich heute vor euren Ohren rede! Lernt sie und achtet darauf, sie zu tun! Der Herr, unser Gott, hat am Horeb einen Bund mit uns geschlossen. Nicht mit unseren Vätern hat der Herr diesen Bund geschlossen, sondern mit uns, die wir heute hier alle am Leben sind. (5. Mose 5,1-3)

jetzige Generation.[33] Durch die Anweisungen für Segenszusagen vom Berg Garizim und die Fluchandrohungen vom Berg Ebal beim Einzug in das verheißene Land (5. Mose 27-28) stellt Mose sicher, dass der neuen Generation die Alternativen klar vor Augen stehen.

Auch die neue Generation, die nun als erste Generation das verheißene Land besitzen wird, soll bewusst in den Bund eintreten. So kommt es zum Bundesschluss im Land Moab (5. Mose 29-30). Der Sinaibund wird aktualisiert und durch weitere Bestimmungen

> Das sind die Worte des Bundes, von dem der Herr dem Mose befohlen hatte, er solle ihn mit den Söhnen Israel im Land Moab schließen neben dem Bund, den er am Horeb mit ihnen geschlossen hatte. (5. Mose 28,69)

für das verheißene Land ergänzt. Der Verbleib der Israeliten im Land wird an die Bundesbedingung geknüpft. Ein Bundesbruch hat Gerichtshandeln Gottes zur Folge: Er wird sie aus dem Land zerstreuen (5. Mose 28,63-68). Aber auch in dieser Gerichtsankündigung schenkt Gott einen Hoffnungsschimmer (vgl. die in Kap. II beschriebenen Gerichte): Wenn Israel in der Zerstreuung zu seinem Gott umkehrt, dann wird er es aus der Zerstreuung sammeln und die Israeliten wieder in ihr Land bringen (5. Mose 30,1-10).

---

[33] Vgl. Zimmerli, *Grundriß*, 41.

So wie Mose kurz vor seinem Tod noch einmal mit dem Volk in Moab den Sinaibund aktualisiert, so versammelt Moses Nachfolger Josua vor seinem Tod die Verantwortungsträger nach Sichem (Josua 24,1). Israel hatte jetzt das verheißene Land in Besitz genommen (auch wenn es noch nicht alles erobert hatte, siehe Josua 13,1; Richter 1,1). Mose bzw. Josua hatten Israel durch die Wüste in das Land geführt. Nun benötigten sie keinen Führer mehr. Für Josua wird kein Nachfolger bestimmt. Die Verantwortung liegt jetzt auf den Ältesten. Eine neue Ära ohne eine besondere Führungspersönlichkeit beginnt. Deshalb verpflichtet Josua das Volk erneut zum Bundesgehorsam.

> Und das Volk sagte zu Josua: Dem Herrn, unserem Gott, wollen wir dienen, und auf seine Stimme wollen wir hören. Und Josua schloss einen Bund für das Volk an diesem Tag und setzte ihm Ordnung und Recht in Sichem fest.
> (Josua 24,24-25)

Zusammenfassend lässt sich sagen: Der Moabbund aktualisiert den Sinaibund *vor* der Landeinnahme, der Sichembund aktualisiert den Sinaibund *nach* der Landeinnahme.

d) Priester- und Levitenbund

Im Sinaibund wird auch das aaronitische Priestertum eingeführt (2. Mose 28 und 29). Aaron kommt selbst aus dem Stamm Levi

(2. Mose 6,16-20). Mit den Priestern und Leviten geht Gott einen besonderen Bund ein. Die Sonderstellung der Leviten liegt möglicherweise begründet in ihrer rigorosen Treue zu Gott nach dem Abfall des Volkes zum goldenen Kalb: »Da trat Mose in das Tor des Lagers und rief: Her zu mir, wer für den Herrn ist! Daraufhin versammelten sich bei ihm alle Söhne Levis« (2. Mose 32,26).

Die Leviten werden mit dem Dienst am Heiligtum beauftragt (schon in 2. Mose 38,21; dann ausführlich in 4. Mose). Sie sollen den Priestern dienen (4. Mose 3,6). Der eigentliche Priesterdienst wird in 4. Mose 3,10 und 18,7 unter Androhung der Todesstrafe nicht auf alle Leviten ausgedehnt, sondern ausdrücklich auf Aarons Nachkommen begrenzt. Sie bekommen eine besondere Priesterkleidung (2. Mose 28) und dürfen die Schaubrote essen, die ein Zeichen für den Bund darstellen (3. Mose 24,8). Priester und Leviten haben also nicht dieselben Befugnisse, werden allerdings innerhalb der Bibel sehr häufig zusammen genannt.[34]

Gott schließt mit Aaron einen »Salzbund« (4. Mose 18,19). Salz konserviert, deshalb steht Salz in der Bibel für etwas, was von Dauer ist, und der Begriff »Salzbund« unterstreicht die lange Dauer des Bundes. Es könnte auch sein, dass im Zusammenhang mit einem Bundesschluss Salz verzehrt wurde, ausdrücklich wird das aber in der Bibel nirgends geschildert.

---

[34] In 5. Mose werden öfters die »levitischen Priestern« erwähnt, z.B. 17,9.18; 18,1 24,8; 27,9. Damit könnten Priester gemeint sein, die den aaronitischen Priestern zwar nicht gleichgestellt sind (siehe die Unterscheidung in 5. Mose 18,3-5 und 5. Mose 18,6-8), aber einige ihrer Aufgaben übernahmen, siehe dazu Otto Betz, »Priester und Leviten«.

Dieser mit Aaron geschlossene Bund sichert die Versorgung der Priester und Leviten, die kein Land in Israel erhalten und deshalb auf die Gaben der anderen Israeliten angewiesen sind. In Vers 21 ordnet Jahwe an, dass die Leviten den Zehnten des landwirtschaftlichen Ertrags bekommen sollen.

Als sich später die israelitischen Männer durch die midianitischen Frauen zum Götzendienst verführen lassen, schreitet der Priester Pinhas, ein Enkel Aarons, energisch ein

> Siehe, ich gebe ihm *(dem Priester Pinhas, Enkel von Aaron)* meinen Bund des Friedens. Und ihm und seinen Nachkommen nach ihm wird ein Bund ewigen Priestertums zuteil werden, weil er für seinen Gott geeifert und für die Söhne Israels Sühnung erwirkt hat. (4. Mose 25,12-13)

(4. Mose 25). Gott beantwortet seine Treue mit der Zusage eines »ewigen Priestertums« (4. Mose 25,13).

Der Priesterbund ist ein »Friedensbund«. Nach Maleachi 2,5 bedeutet der Bund mit Levi »Leben und Friede«. Während der in 4. Mose 18,19 mit Aaron geschlossene Bund zur Versorgung offenkundig Teil des Sinaibundes – und damit an dessen Bedingung geknüpft – ist, scheint die Zusage an Pinhas bedingungslos zu sein.

Die anderen Aussagen im Alten Testament zur Frage der Bedingung im Priester- und Levitenbund erscheinen uneinheitlich. In Jeremia 33,17-22 trifft Gott zum Priester- und Levitenbund die gleiche Aussage wie zum Davidbund: Beide können nicht gebrochen werden (Jeremia 33,21). Aber gemäß Maleachi 2,8 wurde er von den Leviten dadurch gebrochen, dass sie sich selbst und andere durch falsche Weisung zu Fall gebracht haben.

Jedenfalls weiß schon das Alte Testament von einer anderen Priesterschaft, die nicht nach der levitischen Ordnung ist:

»Du bist Priester in Ewigkeit, nach der Weise Melchisedeks«
(Psalm 110,4). Kein aaronitischer Priester erhielt die Zusage,
»Priester in Ewigkeit« zu sein.

Priester- und Levitenbund	
Inhalt	1. ewiges Priestertum 2. Erhalt des Zehnten
Partner	Aaron bzw. Pinhas und seine Nachkommen Leviten
Verpflichtung	beidseitig?
Zeichen	Priesterkleidung, Schaubrote

Tabelle 4: Priester- und Levitenbund

V. Der Davidbund

> Dein Haus aber und dein Königtum sollen vor dir Bestand
> haben für ewig, dein Thron soll feststehen für ewig.
> (2. Samuel 7,16).

a) Wollte Gott überhaupt einen König für Israel?

In dem oben stehenden Text, der Bestandteil der Bundeszusage
an David ist (siehe S. 65), ist ausdrücklich vom Fortbestand des
Königtums die Rede. Bevor wir uns aber dem Bund mit David
zuwenden, ist es notwendig, eine Frage zur Vorgeschichte zu be-
denken: Wollte Gott ursprünglich überhaupt einen König für Israel haben?

Diese Frage ist für uns nicht eindeutig zu beantworten. Wir
finden im Alten Testament königsfreundliche und königskriti-
sche Texte. Jedenfalls äußerte das Volk Israel zunächst den
Wunsch, einen König zu haben, »wie es bei allen Nationen
ist« (1. Samuel 8,5; vgl. V. 20). Gottes Antwort auf Israels An-
frage nach einem König könnte man so verstehen, dass Gott
nie ein Königtum für Israel geplant hatte. »Mich haben sie verworfen, dass ich nicht König über sie sein soll« (1. Samuel
8,7). In die gleiche Richtung ging bereits die Antwort des
Richters Gideon, als er zum Herrscher über Israel gekürt werden sollte: »Nicht ich will über euch herrschen, auch mein
Sohn soll nicht über euch herrschen. Der Herr soll über euch
herrschen« (Richter 8,23). Demnach wäre es Gottes Plan ge-

61

wesen, selbst als König unmittelbar sein Volk zu regieren. Dies würde auch erklären, warum er keinen Nachfolger für die Führer Mose und Josua bestimmte. Israels Wunsch nach einem König wird hier als Ablehnung der Theokratie, der Herrschaft Gottes, gesehen.

Andererseits wird das Königtum mehrfach vorher verheißen: Zur Nachkommenschaft Abrahams werden nach der Verheißung auch Könige gehören (1. Mose 17,6). Die Formulierung »nicht weicht das Zepter von Juda« (1. Mose 49,10) ist ein deutlicher Hinweis darauf, dass ein König aus Juda stammen wird: Der käufliche Prophet Bileam prophezeit – zum Ärger seines Auftraggebers – einen Stern aus Jakob und ein Zepter aus Israel (4. Mose 24,17). In 5. Mose 17,14-20 finden wir sogar Anweisungen für einen etwaigen König. Sofern man diese Stellen nicht als nachträgliche Einfügungen interpretiert, liegt der Schluss nahe, dass Gott von Anfang an einen König für Israel vorgesehen hat.

Aus neutestamentlicher Sicht ergibt sich ein weiteres Indiz für ein von Gott geplantes Königtum. Jesus lässt sich mit drei Funktionen in Verbindung bringen, die bereits im Alten Testament deutlich beschrieben werden: Als *Priester* vermittelt er zwischen Gott und den Menschen, als *Prophet* sagt er Gottes Wort weiter, und als *König* wird er schließlich herrschen.

Durch die Priestertätigkeit im Alten Testament können wir den priesterlichen Dienst Jesu, seine Mittlertätigkeit durch seinen Tod am Kreuz besser verstehen. Die Propheten, die im Alten Testament Gottes Wort weitersagten, haben den Boden bereitet für den, der Gottes Wort *ist*. So könnte man annehmen, dass Gott auch das Königtum im Alten Testament bewusst als Vorbereitung für Jesu Dienst eingeplant hat.

Vielleicht war in 1. Samuel 8 nicht der Wunsch nach einem König das Problem, sondern das dahinter stehende Motiv: Israel wollte sein wie die anderen Völker. Aber Israel sollte als ein für Gott geheiligtes Volk ja gerade nicht so sein wie die umliegenden Völker!

b) David: König-Priester in Jerusalem

Saul aus dem Stamm Benjamin (1. Samuel 9,1-2) wird erster König in Israel. Nach einem guten Start wird er später Gott untreu. Unter anderem dringt er eigenmächtig in das Priesteramt ein (1. Samuel 13). Dadurch verwirkt er die Chance, das Königtum an seine Nachkommen zu vererben: »Du hast das Gebot des Herrn, deines Gottes, nicht gehalten, das er dir geboten hat. Denn gerade jetzt hätte der Herr dein Königtum über Israel für immer bestätigt; nun aber wird dein Königtum nicht bestehen« (1. Samuel 13,13-14a). Sauls Sohn wird nicht König, es wird keine Saul-Dynastie eingerichtet.

Stattdessen wird David aus dem Stamm Juda berufen. Damit erfüllt sich die Prophezeiung des Herrscherstabs aus Juda (1. Mose 49,10; vgl. S. 38). Nach vielen Turbulenzen wird David endlich König über ganz Israel (2. Samuel 5,1-5). Er nimmt Jerusalem mit seinem Privatheer ein und macht es zur Stadt Davids (2. Samuel 5,6-10). Jerusalem wird zur politischen Hauptstadt für ganz Israel und durch das Holen der Bundeslade auch zum religiösen Zentrum (2. Samuel 6).

Israel ist ein Volk, das sich über den Jahwe-Glauben definiert. Es sammelt sich als Gottes Volk um die Bundeslade. Folglich müssen letztlich das religiöse und das politische Zentrum in Israel übereinstimmen. David übernimmt nicht nur politische, sondern auch religiöse Führung: Er verfasst religiöse Lieder und trägt sie vor, beim Holen der Bundeslade trägt er Priesterkleidung und führt mit Tanz und Opfer priesterliche Handlungen aus (2. Samuel 6,13-14) – und schließlich will er einen Tempel bauen.

Hierbei stellt sich die Frage, wieso David opfern durfte, während Saul gerade hierfür bestraft wurde. Eine plausible Erklärung[35] könnte folgende sein: 1. Mose 14,18 berichtet von Melchisedek, König aus Salem und Priester des Höchsten. Salem wird in Psalm 76,3 mit Zion gleichgesetzt, es handelt sich also wohl um den alten Namen von Jerusalem. Somit wird David durch die Eroberung Jerusalems ein legitimer Nachfolger Melchisedeks und damit auch Priester. Genau dies wird in Psalm 110,4 dankbar ausgedrückt:»Geschworen hat der Herr, und es wird ihn nicht gereuen: Du bist Priester in Ewigkeit nach der Weise Melchisedeks.« Dieser Psalm entstand vermutlich in Zusammenhang mit Davids Eroberung von Jerusalem und feiert den damit verbundenen Eintritt in die König-Priester-Würde.[36] Dies würde auch erklären, warum Davids Söhne Priester waren (2. Samuel 8,18). Diese Melchisedek-Priesterschaft bezieht sich aber anscheinend nur auf außergewöhnliche Situationen und soll eben im Alten Testament nicht die aaronitische Priesterschaft ersetzen. Denn später wird König Usija mit Aussatz bestraft, als er in den aaronitischen Zuständigkeitsbereich eingreift (2. Chronik 26,16ff). Auf das König-Priestertum des Melchisedek und nicht auf die Verheißungen an den Stamm Levi wird sich später die Darstellung des Priestertums Jesu begründen (Hebräer 5,6 und Kap. 7).

---

[35] Siehe etwa Leslie C. Allan, *Psalms 101-150,* 86, oder Bruce, *Zwei Testamente – eine Offenbarung*, 83.

[36] Diese Interpretation geht davon aus, dass ursprünglich jemand aus Davids Hof diesen Psalm seinem Herrn David zugesprochen hat (V. 1). Darüber hinaus gibt Psalm 110 zentrale Hinweise auf Christus. Da ist dann David der Sprecher, der diese Worte dem noch größeren Davidssohn zuspricht (Markus 12,35-37). Vgl. Allan, *Psalms 101-150*, 84f.

c) Der Bundesschluss mit David

David möchte für die Bundeslade einen Tempel bauen (2. Samuel 7,2). Sein Ratgeber, der Prophet Nathan, findet diese Idee spontan gut. Aber Gott hat andere Pläne: Nicht David soll für Gott ein Haus bauen, sondern Gott baut David ein Haus:

> Ich mache dir einen großen Namen. ... Wenn deine Tage erfüllt sind und du dich zu deinen Vätern gelegt hast, dann werde ich deinen Nachkommen, der aus deinem Leib kommt, nach dir aufstehen lassen und werde sein Königtum festigen. Der wird meinem Namen ein Haus bauen. Und ich werde den Thron seines Königtums festigen für ewig. *Ich will ihm Vater sein und er soll mir Sohn sein.* Wenn er verkehrt handelt, werde ich ihn ... züchtigen. *Aber meine Gnade soll nicht von ihm weichen*, wie ich sie von Saul habe weichen lassen. ... *Dein Haus aber und dein Königtum sollen vor dir Bestand haben für ewig, dein Thron soll feststehen für ewig.*
> (2. Samuel 7,9+12-16)

Warum wollte Gott nicht, dass David für ihn einen Tempel baut? Vielleicht hatte David als Kriegsherr durch seine vielen Kriege zu viel Blut an den Händen, um einen Tempel zu bauen. Jedenfalls soll stattdessen sein Sohn diese Aufgabe übernehmen. Wie bei Abraham verheißt Gott David einen großen Namen (V. 9), Land (V. 10), Nachkommen (V. 12), eine Königslinie (V. 13 und 16) und Segen (V. 29).

Neu ist die *Adoption* des Trägers der Krone an Sohnes Statt. Der jeweilige König wird von Gott adoptiert, er tritt mit der Thronbesteigung in ein Sohnschaftsverhältnis zu Gott: »Lasst mich die Anordnung des Herrn bekannt geben! Er hat zu mir gesprochen: Mein Sohn bist du, ich habe dich heute gezeugt«

(Psalm 2,7). Nach israelitischer Vorstellung entsteht die Gottes-
sohnschaft des Königs durch einen Rechtsakt, im Unterschied
zur ägyptischen Vorstellung, wonach der König von Gott physisch erzeugt sei. Diese Königspsalmen weisen aber auch auf
den zukünftigen Messias hin, der dann auch physisch vom Geist
Gottes gezeugt ist.

Weder in 2. Samuel 7,4-17 noch in dem Paralleltext 1. Chronik 17,4-14 steht der Ausdruck »Bund«. David selbst spricht in
2. Samuel 23,5 von einem Bund, den Gott mit ihm gemacht hat.
Psalm 89,4-5 bezeichnet genau die in 2. Samuel 7,4-17 gege-
bene Verheißung als Bundesschluss mit David, desgleichen
2. Chronik 13,5; 21,7; Psalm 89,29.35, Psalm 132,11-12, Jeremia 33,21.

Ein einseitiger Bund

Was ist, wenn Davids Nachkommen sich nicht nach dem Bund
richten? 2. Samuel 7,14-15 deutet es bezüglich der ersten Generation schon an: Auch wenn der Sohn von den Geboten ab-
weicht, wird dadurch der Bund nicht ungültig. Psalm 89,31-34
formuliert diese Verheißung für alle Nachkommen Davids. Der
Davidbund wäre demnach ein einseitiger Bund, der nicht gebrochen werden kann.

Andererseits nennt Psalm 132,12 im Zusammenhang mit dem
Davidbund doch eine Bedingung: »Wenn deine Söhne meinen
Bund und meine Zeugnisse bewahren, … so sollen auch ihre
Söhne für immer auf deinem Thron sitzen.«

Das »Brechen des Davidbundes« bezieht sich wie schon beim
Abrahambund auf die Einzelpersonen. Nachkommen Davids,
die den Bund nicht bewahren, werden gegebenenfalls von dem

persönlichen Segen der Bundeszusagen ausgeschlossen. Aber dennoch bleiben sie Träger der Verheißungslinie. Die Verheißung des Segens wird gewissermaßen durch sie hindurch auf die weiteren Nachkommen übertragen, ohne dass sie selbst persönlich von dem Segen profitieren.[37] (Zum Brechen des Bundes siehe auch Abschnitt e.)

Davidbund	
Inhalt	1. ein großer Name 2. ein Sohn, der Sohn Gottes ist 3. ein ewiges Haus 4. ein ewiges Königreich
Partner	David und seine Nachkommen
Verpflichtung	einseitig (nur Gott)
Zeichen	(Tempel)

Tabelle 5: Davidbund

Noah-, Abraham-, Sinai- und Davidbund und ihre Einzugsbereiche

Die bisher behandelten Bünde lassen sich in konzentrischen Kreisen darstellen, deren Radien immer kleiner werden: Der Noahbund bezieht alle Menschen ein, der Abrahambund und der Sinaibund beziehen sich zunächst auf die zwölf Stämme Israels, der Davidbund bezieht sich in erster Linie auf Davids Nachkommen.

---

[37] Ausführlicher in Kaiser, *Toward an Old Testament Theology,* 157.

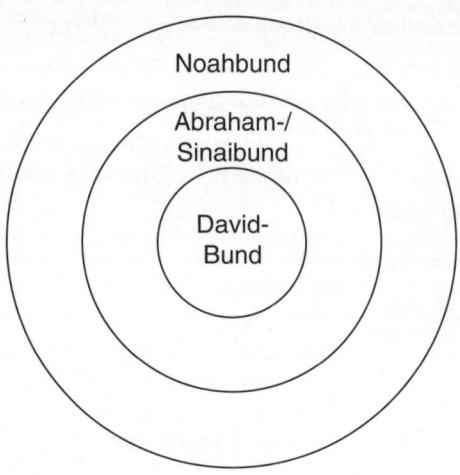

Abbildung 3: Die Einzugsbereiche der Bünde

d) Salomo: die erste Erfüllung der Verheißung

Ähnlich wie bei der Abrahamverheißung (siehe Abschnitt III. e) stellen sich auch bei der Davidverheißung kurz nach der ausgesprochenen Verheißung einige Hindernisse in den Weg:

1. Davids große Sünde: Er begeht Ehebruch mit Batseba und lässt deren Ehemann Uria quasi ermorden, indem er ihn in eine aussichtslose Kriegssituation schickt (2. Samuel 11-12).
2. Absaloms Aufstand gegen seinen Vater (2. Samuel 15-18).
3. Davids Ungehorsam mit der Volkszählung (2. Samuel 24).
4. Davids Sohn Adonija betreibt eine Verschwörung, um Thronfolger zu werden (1. Könige 1).

Schließlich wird nach allen Wirren Davids Sohn Salomo sein Nachfolger. Damit wird die Verheißung an David das erste Mal erfüllt. 970 v.Chr. baut Salomo den Tempel (1. Könige 6,1). Bei der Tempelweihe betont Salomo, dass die Verheißung an seinen Vater David eben mit dem »heutigen Tage« erfüllt ist (1. Könige 8,24).

> Und Salomo trat vor den Altar des Herrn angesichts der ganzen Versammlung Israels und breitete seine Hände zum Himmel aus. Und er sprach: Herr, Gott Israels! Kein Gott ist dir gleich im Himmel oben und auf der Erde unten, der du den Bund und die Gnade deinen Knechten bewahrst, die vor dir leben mit ihrem ganzen Herzen; der du deinem Knecht, meinem Vater David, gehalten hast, was du ihm zugesagt hast. Mit deinem Mund hast du es geredet, und mit deiner Hand hast du es erfüllt, wie es am heutigen Tage ist.
> (1. Könige 8,22-24)

Salomo – die goldene Zeit in Israel

> Und Juda und Israel wohnten in Sicherheit, jeder unter seinem Weinstock und unter seinem Feigenbaum, von Dan bis Beerscheba alle Tage Salomos. (1. Könige 5,5)

Salomos Regierungszeit ist in vielerlei Hinsicht die goldene Zeit in Israel (siehe 1. Könige 5,5). Der Bund ist eine gnädige Gabe Gottes. Mit dem Bund erhält das Volk weitere Gnadengaben von Gott. Durch den Tempelbau sind alle verheißenen Elemente des Bundes vorhanden.[38]

---

[38] Die Idee zu den beiden folgenden Grafiken verdanke ich der Vorlesung von Hellmuth Egelkraut, *Alttestamentliche Theologie im Lichte der Psalmen*.

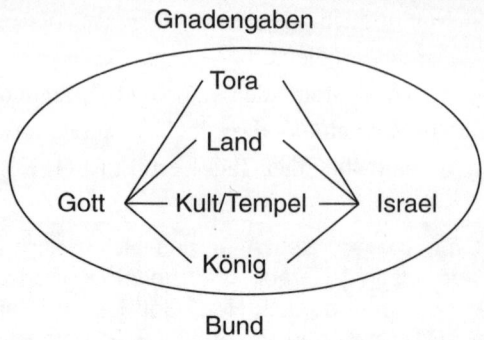

Abbildung 4: Gottes Gnadengaben an Israel

Die Gabe der einzelnen Elemente kann man ungefähr den ersten Büchern der Bibel zuordnen:

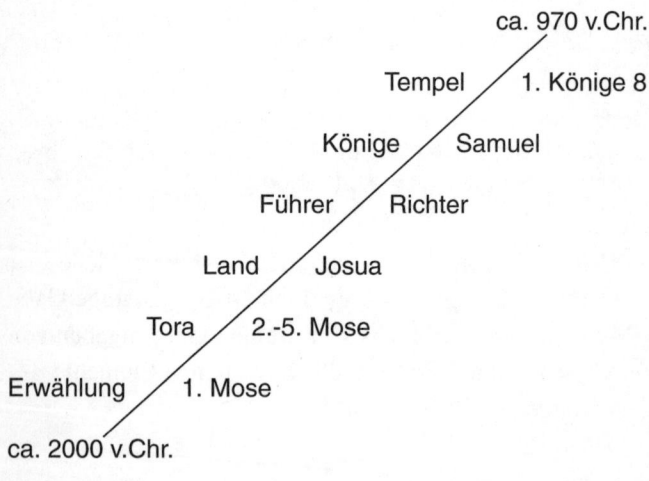

Abbildung 5: Israels Aufstieg

> Und auch auf den Ausländer, der nicht von deinem Volk Israel ist, aber um deines Namens willen aus fernem Land kommt – denn sie werden von deinem großen Namen hören und von deiner starken Hand und deinem ausgestrecktem Arm – wenn er nun kommt und betet zu deinem Haus hin, dann höre du es im Himmel, der Stätte, wo du wohnst, und handle nach allem, worum der Ausländer zu dir ruft, damit alle Völker der Erde deinen Namen erkennen.
> (1. Könige 8,41-43)

Salomo denkt bei der Tempelweihe auch an den Ausländer. Der Tempelvorplatz soll dem Ausländer eine Chance bieten, Jahwe anzubeten. Das Missionsverständnis im Alten Testament ist *zentripetal*, d.h. zum Mittelpunkt hinstrebend.[39] Man erwartet von Jerusalem eine Magnetwirkung. Indem Israel in der Gegenwart des Herrn lebt, erfährt es die Fülle des göttlichen Segens. Die Völker würden dann so viel Gutes über Jahwe und Israel hören, dass sie nach Jerusalem kämen, um Gott anzubeten. Die Königin von Saba illustriert diese Idee: Sie hört so viel Gutes über Salomo, dass sie nach Jerusalem kommt, um mehr zu sehen und zu hören (1. Könige 10,1-13). Der Prophet Sacharja drückt dieses Prinzip in einer hoffnungsvollen Erwartung aus: »Viele Völker und mächtige Nationen werden kommen, um den HERRN der Heerscharen in Jerusalem zu suchen und den Herrn anzubeten« (Sacharja 8,22).

---

[39] Der neutestamentliche Missionsauftrag ist *zentrifugal:* Die Apostel sollen von Jerusalem ausgehend die ganze Erde erreichen (Apostelgeschichte 1,8), siehe S. 75. Siehe dazu auch George W. Peters, *Missionarisches Handeln und biblischer Auftrag,* 23 u. 57.

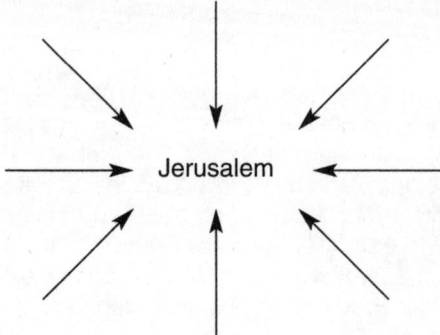

Abbildung 6: Zentripetales Missionsverständnis
im Alten Testament

Wären die Völker zum Tempel gekommen, so hätte der Tempel-vorplatz zur Erfüllung von 1. Mose 12,3 beitragen können. Die Völker hätten die Möglichkeit, an dem Segen Abrahams teilzu-haben. Aber Israel macht später zur Zeit Jesu aus dem Gebets-platz für Ausländer ein Kaufhaus! Das Innere des Tempels bleibt zwar eine Gebetsstätte, aber dort hinein darf der Ausländer nicht. So nimmt Israel dem Ausländer die einzige Gebetsmög-lichkeit auf dem Tempelplatz, die dieser hatte. Dies erklärt mög-licherweise auch das harte Vorgehen Jesu, als er die Händler aus dem Tempel vertreibt (Johannes 2,14-17).

e) Psalm 89 erinnert an den Davidbund

V. 4: Einen Bund habe ich mit meinem Auserwählten geschlossen, habe David, meinem Knecht, geschworen:

V. 5: »Bis in Ewigkeit will ich deiner Nachkommenschaft Bestand geben und für alle Geschlechter bauen deinen Thron.«

V. 29: Ewig will ich ihm meine Gnade bewahren, und mein Bund soll ihm fest bleiben.

V. 31 Wenn seine Söhne mein Gesetz verlassen und nicht wandeln in meinen Rechtsbestimmungen,

V. 32: wenn sie meine Ordnungen entweihen und meine Gebote nicht halten,

V. 33: so werde ich ihr Vergehen mit der Rute und ihre Ungerechtigkeit mit Schlägen heimsuchen.

V. 34: Aber meine Gnade werde ich nicht von ihm weichen lassen und nicht verleugnen meine Treue.

V. 39: Du aber hast verworfen und verstoßen, bist sehr zornig gewesen gegen deinen Gesalbten.

V. 40: Preisgegeben hast du den Bund mit deinem Knecht, hast zu Boden geworfen und entweiht seine Krone.

Psalm 89 erinnert an den Davidbund und preist dabei Gottes Güte und Gnade. Vers 29 gebraucht die Wörter »Gnade« bzw. »Güte« (hebräisch *hesed*) und »Bund« (hebräisch *berît*) in gleichem Sinne. (Diese Verbindung findet sich schon vorher in 5. Mose 7,9.12; 1. Könige 8,23 etc.) Das hebräische Wort *hesed* meint nicht eine spontane, unberechenbare Freundlichkeit, sondern eine Verhaltensweise, die aus einem vertrauten Lebensverhältnis herrührt, folglich verlässlich ist. Der Gläubige kann sich auf Gottes Güte verlassen. Wo das Alte Testament von Gottes Güte spricht, geht es um die Verwirklichung der mit dem Bund gegebenen Zusagen.[40] *Gottes Bund ist Ausdruck von Gottes Güte.*

Nach Vers 38 hat Psalm 89 eine Zäsur. Bis dahin betont er die Unzerbrechlichkeit des Bundes. Dagegen heißt es ab Vers 39, dass dieser Bund doch zerbrochen ist. In der Tat wird mit Beginn des babylonischen Exils Davids Thron in Jerusalem unbesetzt bleiben. In der Zeit des Exils ist vermutlich auch dieser Psalm entstanden.[41] Dieser Psalm gibt keine Antwort auf seine Frage, wo denn die Gnade ist, die Gott David geschworen hat (V. 50). Dass der Davidbund wirklich nicht gebrochen ist, ergibt sich definitiv erst aus der Erfüllung im Neuen Testament.

f) Die Erwartung einer noch größeren Erfüllung

Obwohl die Davidsverheißung zunächst in Salomo eine erste Erfüllung fand, wächst in Israel die Erwartung einer Erfüllung, die diese übertrifft. Der Messias wird immer wieder als Davidssohn beschrieben und mit ihm ist auch die Erwartung verbunden, dass er den Davidsthron endgültig besetzen wird, so z.B. in den bekannten Versen von Jesaja 9,5-6: »Denn ein Kind ist uns geboren, ein Sohn uns gegeben und die Herrschaft ruht auf seiner Schulter und man nennt seinen Namen: Wunderbarer Ratgeber, starker Gott, Vater der Ewigkeit, Fürst des Friedens. Groß ist die Herrschaft, und der Friede wird kein Ende haben auf dem Thron Davids und über seinem Königreich, es zu festigen und zu stüt-

---

[40] Siehe H. J. Stoebe »*hesed* Güte«, 603.
[41] Siehe die ausführliche Diskussion über die mögliche Entstehungszeit des Psalms 89 in Marvin E. Tate, *Psalms 51-100*, 413-417.

zen durch Recht und Gerechtigkeit von nun an bis in Ewigkeit. Der Eifer des HERRN der Heerscharen wird dies tun.«

Der Glaube an den kommenden Retter durchzieht das ganze Alte Testament, das Neue Testament berichtet von dem Retter, der erschienen ist.

Die Gläubigen des Alten Testaments glaubten an den, *der kommen soll.*

Die Gläubigen des Neuen Testaments glauben an den, *der gekommen ist.*

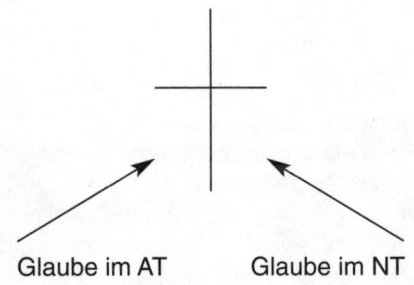

Glaube im AT   Glaube im NT

Abbildung 7: Glaube im Alten und im Neuen Testament

VI. Der Neue Bund – von Gott angekündigt

Gott kündigt durch seine Propheten im Alten Testament einen neuen Bund an. Die Vorgeschichte dieser Ankündigung ist der Zerbruch des Sinaibundes und der Zerfall Israels, Davids Haus.

a) Der Zerfall Israels

Die Teilung des Reiches

Da sprach der Herr zu Salomo: Weil dir dies bewusst war und du meinen Bund nicht beachtet hast und meine Ordnungen, die ich dir geboten habe, werde ich das Königreich ganz bestimmt von dir wegreißen und es einem Knecht von dir geben. Doch in deinen Tagen will ich es nicht tun um deines Vaters David willen, sondern aus der Hand deines Sohnes werde ich es reißen. Doch will ich nicht das ganze Königreich wegreißen: *Einen* Stamm will ich deinem Sohn geben um meines Knechtes David willen und um Jerusalem willen, das ich erwählt habe. (1. Könige 11,11-13)

Ursache (1. Könige 11,1-8): Leider folgt Salomo in seinen späten Lebensjahren Gott nur mit halbem Herzen. Animiert durch seine vielen ausländischen Frauen baut Salomo Anbetungsstätten für deren Götter und betet diese auch selbst an.

Strafe (1. Könige 11,9-13): Damit hat Salomo den Bund gebrochen. Zur Strafe wird das Königreich in der nächsten Generation geteilt. Wegen der Verheißung an David bleiben aber die davidische Königslinie und die Hauptstadt Jerusalem erhalten. Aber die Ausdehnung des Königreiches beschränkt sich fortan auf das Gebiet Juda (und das kleine Stammesgebiet von Benjamin, siehe 1. Könige 12,21).

Anlass (1. Könige 12): Die Bevölkerung hatte in Salomos Regierungszeit unter anderem wegen des Tempel- und Palastbaus hohe Steuern zu entrichten. Sie wenden sich an Rehabeam, Salomos Sohn und Nachfolger, ihnen diese Steuerlast zu erleichtern (V. 4). Aber Rehabeam weigert sich, ihnen zu dienen (V. 7). Stattdessen will er ein Exempel statuieren, um klar zu machen, dass er das Sagen hat (V. 10-11.14). Diese Weigerung nehmen die anderen zehn Stämme zum Anlass, sich vom davidischen Königtum und von Jerusalem zu trennen (V. 16-17). »So brach Israel mit dem Haus Davids bis zum heutigen Tag.«

Das Nordreich

Die zehn Stämme wählen Jerobeam zum König (1. Könige 12,1). Da Jerusalem mit dem Tempel das religiöse Zentrum bildet, hat Jerobeam die vermutlich berechtigte Angst, dass die Leute sich durch die Pilgerfahrten nach Jerusalem schließlich wieder zum König von Juda wenden (1. Könige 12,27). Deshalb lässt er goldene Kälber (!) anfertigen und in seinem Reich aufstellen, damit das Volk diese anbeten kann und nicht nach Jerusalem muss (1. Könige 12,28-29). So verführt schon der erste König im Nordreich das Volk zur Sünde.

Dieser Anfang ist programmatisch für die weitere Entwicklung im Nordreich. In 2. Könige 17,22 heißt es rückblickend: »Und die Söhne Israels lebten in allen Sünden Jerobeams, die er getan hatte.« Keiner der neunzehn Könige im Nordreich ist Jahwe treu. Deswegen lässt Gott im Nordreich auch keine Dynastie zu (1. Könige 14,10 u.a.), keine Familie kann den Thron auf Dauer behalten.

König Ahab (872-852) fällt unter den Königen des Nordreiches besonders negativ auf. Er übertrifft in Bosheit all seine Vorgänger (1. Könige 16,30.33). Sein Vater Omri hatte Samaria, eine Stadt auf einem Berg wie Jerusalem, zur Hauptstadt des Nordreichs erklärt (1. Könige 16,24). Ahab ist mit Isebel, einer Tochter des Königs von Sidon, verheiratet. Diese Ehe führt dazu, dass er in Samaria einen Baalstempel errichtet – also ein Pendant zum Tempel in Jerusalem – und auch selbst Baal anbetet (1. Könige 16,31-32).

Aufgabe eines Königs ist es, die Leute zu Gott hinzuführen. Wo die Führer abfallen, fällt auch das Volk ab. Deshalb wählt Gott beginnend mit Elia (1. Könige 17,1) Propheten als Gegenpole zu den Königen. Sie sind nicht wie Nathan Berater des Königs, sondern sie rufen das Volk zur Buße, weil der König das Volk zur Sünde verführt:»Kehrt um, weg von den falschen Göttern, hin zu dem wahren Gott« (Sacharja 1,4).

»Aber sie hörten nicht … und sie verwarfen seine Ordnungen und seinen Bund, den er mit ihren Vätern geschlossen, und seine Warnungen, mit denen er sie gewarnt hatte, und liefen der Nichtigkeit hinterher – und wurden selber nichtig« (2. Könige 17,14-15). Zur Strafe lässt Gott 722 v.Chr. den König von Assur die Hauptstadt Samaria einnehmen und viele Bewohner des Nordreichs nach Assur verschleppen.

Das Südreich

Auch im Südreich fällt der erste König, Rehabeam, von Gott ab und mit ihm ganz Juda (2. Chronik 12,1). Dennoch ist das Bild im Südreich differenzierter, neben schlechten Königen gibt es dort immer wieder Könige, die in der Bibel positiv dargestellt werden. Von vier Königen wird berichtet, dass sie den Bund erneuern:

1. König Asa, ein Enkel Rehabeams, führt das Volk wieder in den Bund (2. Chronik 15,12).
2. Im Falle des noch minderjährigen Königs Joasch schließt sein Beschützer, der Priester Jojada, den Bund zwischen Gott, dem König und dem Volk, dass sie das Volk Jahwes sein sollten (2. Könige 11,17).
3. König Hiskia (2. Könige 18-20 bzw. 2. Chronik 29-31) erneuert den Bund mit Gott (2. Chronik 29,10), stellt den Gottesdienst im Tempel wieder her, führt das Passahfest (also das Bundeszeichen) wieder ein (2. Chronik 30,5) und vernichtet die Götzenbilder (2. Chronik 31). Er vernichtet sogar die eherne Schlange, die Mose auf ausdrückliche Anweisung Gottes gebaut hatte, die aber nun als Götzenbild missbraucht wird (2. Könige 18,4).
4. König Josia (2. Könige 22 und 23) »ging ganz den Weg seines Vaters David« (2. Könige 22,2). Bei der Ausbesserung des Tempels wird das Buch des Gesetzes wieder gefunden (2. Könige 22,8). Dieser Fund löst unter Josia eine Reform der Rückbesinnung auf das Gesetz aus. Nach der öffentlichen Verlesung des Gesetzes tritt das Volk wieder in den Bund ein (2. Könige 23,3).

Aber letztlich schwankt das Südreich zu sehr zwischen Bundestreue und -abfall, trotz des warnenden Beispiels des Schicksals des Nordreichs. Auch die Judäer werden schließlich nach Babylon verschleppt und Jerusalem 586 v.Chr. zerstört (2. Könige 25). Die »Hütte Davids« (Amos 9,11) ist endgültig verfallen.

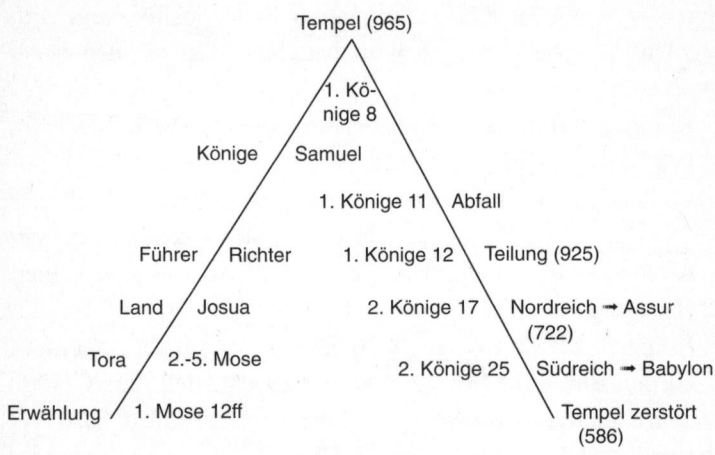

Abbildung 8: Israels Abstieg

b) Jeremia kündigt einen Neuen Bund an

Die ganze Katastrophe der Wegführung lässt unter den Israeliten die Frage bedrängend werden: »Wo sind die Gnadenerweise Gottes?« (Psalm 89,50). Wenn Israel nicht mehr in Gottes Land ist, ist es dann überhaupt noch Gottes Volk? Ein Wort der Hoffnung tut not. Gott schenkt es durch seine Propheten. Wir beginnen mit dem Propheten Jeremia (geb. 650 v.Chr.), weil dieser in Jeremia 31,31 explizit den Begriff »Neuer Bund« verwendet.

In jenen Tagen wird man nicht mehr sagen: Die Väter haben unreife Trauben gegessen, und die Zähne der Söhne sind stumpf geworden; sondern jeder wird wegen seiner Schuld sterben: Jeder Mensch, der unreife Trauben isst, dessen Zähne sollen stumpf werden.

Siehe, Tage kommen, spricht der Herr, da schließe ich mit dem Haus Israel und mit dem Haus Juda einen *neuen Bund:* nicht wie der Bund, den ich mit ihren Vätern geschlossen habe an dem Tag, als ich sie bei der Hand fasste, um sie aus dem Land Ägypten herauszuführen, – diesen meinen Bund haben sie gebrochen. ... Sondern das ist der Bund, den ich mit dem Haus Israel nach jenen Tagen schließen werde, spricht der Herr: *Ich werde mein Gesetz in ihr Inneres legen und werde es auf ihr Herz schreiben.* Und ich werde ihr Gott sein, und sie werden mein Volk sein. Dann wird nicht mehr einer seinen Nächsten oder einer seinen Bruder lehren und sagen: Erkennt den Herrn! Denn sie alle werden mich erkennen von ihrem Kleinsten bis zu ihrem Größten, spricht der Herr. Denn ich werde ihre Schuld vergeben und an ihre Sünde nicht mehr denken. (Jeremia 31,29-34)

Ein neuer Bund mit Israel und Juda wird hier angekündigt. Er wird ausdrücklich anders sein als der Sinaibund.[42] Jeremia kritisiert hier nicht den Sinaibund an sich. Aber der Sinaibund wurde vom Volk Israel gebrochen. Dies soll bei diesem neuen Bund nicht mehr geschehen. Für ihn gilt:

---

[42] Ob Jeremia einen wirklich *neuen* Bund oder vielmehr eine *Erneuerung* des einen Bundes meint, wird unterschiedlich gesehen. Für die zweite Variante plädiert z.B. Adrian Schenker: »Der neue Bund ist der alte, aber der gegen den Bruch gefeite Bund. ... Denn seine Stabilität kommt ihm von der inneren Einpflanzung der Tora in den Menschen her. Mit dieser Veränderung des Herzens, das mit dem Denken und Wollen Gottes zusammengewachsen ist, ist dann allerdings doch mehr als das alte da.« Ders.: »Der nie aufgehobene Bund: Exegetische Beobachtungen zu Jeremia 31,31-34«, 112.

– Die Gesetze werden nicht wie beim Sinaibund von außen gegeben, sondern *in das Innere der Menschen* geschrieben. Das
ist das radikal Neue! Damit bekommt jeder die Fähigkeit,
nach Gottes Gesetz zu leben.

– Gott erkennen zu können ist kein Vorrecht theologischer
Spezialisten, sondern *jeder wird Gott erkennen*.

– Die Sünden werden allgemein vergeben, *ohne* dass ein *Opfer-
dienst* erwähnt wird.

– In 2. Mose 34,7 heißt es, dass die Schuld der Väter die Kinder
bis in die dritte und vierte Generation betrifft.[43] Im Neuen
Bund wird gelten: *Keiner wird für die Schuld seiner Väter
bestraft*! Niemand muss befürchten, wegen der Schuld der
Eltern, Großeltern oder Urgroßeltern belangt zu werden.

Der Gebrauch von Jeremia 31,31-34 im Hebräerbrief

Jeremia 31,31-34 wird vollständig zitiert in Hebräer 8,8-12. Dies
ist – neben dem Joel-Zitat in Apostelgeschichte 2,17-21 – das
ausführlichste Zitat aus dem Alten Testament, welches wir im
Neuen Testament finden. Hebräer 8,13 schließt das Zitat ab mit:
»Indem er von einem neuen Bund spricht, hat er den ersten für
veraltet erklärt, was aber veraltet und sich überlebt, ist dem Verschwinden nahe« (Hebräer 8,13). Hebräer 10,16-17 zitiert noch
einmal zwei Verse von Jeremia 31,31-34. Dies ist eine klare neutestamentliche Bestätigung, dass Jesus eben den von Jeremia
prophezeiten Neuen Bund einsetzt.

---

[43] Dies betrifft Vergehen gegenüber Gott; in der Gesetzgebung bezüglich der
menschlichen Gemeinschaft steht schon in 5. Mose 24,16, dass jeder nur für
seine Schuld bestraft werden soll.

Die einseitige Verpflichtung

Jeremia 32,37-41 beschreibt den Neuen Bund noch einmal. Gott erneuert das Herz der Menschen, indem er seine Furcht hineinlegt. Somit sorgt Gott selbst dafür, dass das Volk den Neuen Bund bewahren kann. Er übernimmt die Erfüllung der Verpflichtung des »neuen Volkes«, Gottes Willen zu tun.

> Und ich werde einen ewigen Bund mit ihnen schließen, dass ich mich nicht von ihnen abwende, ihnen Gutes zu tun. Und ich werde meine Furcht in ihr Herz legen, damit sie nicht von mir abweichen. (Jeremia 32,40)

Die Bestätigung der anderen Bünde

> Jeremia 33:
> V. 20-21: So spricht der Herr: Wenn ihr jemals meinen Bund mit dem Tag und meinen Bund mit der Nacht brechen könnt, so dass Tag und Nacht nicht mehr zu ihrer Zeit sind, dann kann auch mein Bund mit meinem Knecht David gebrochen werden, dass er keinen Sohn hat, der auf seinem Thron König ist, und auch mein Bund mit den Leviten, den Priestern, meinen Dienern.
> V. 25-26a: So spricht der Herr: Wenn mein Bund mit dem Tag und der Nacht nicht besteht, wenn ich die Ordnungen des Himmels und der Erde nicht festgesetzt habe, dann werde ich auch die Nachkommen Jakobs und meines Knechtes David verwerfen, dass ich nicht mehr von seinen Nachkommen Herrscher nehme über die Nachkommen Abrahams, Isaaks und Jakobs.

Bei der Einführung des Neuen Bundes unterscheidet Jeremia diesen vom Sinaibund. Zum Davidbund äußert er sich anders: Der Davidbund hält mindestens so lange wie die Erde besteht. Er wird also nicht von dem Neuen Bund abgelöst. Auch die Nachkommenschaft Abrahams, Isaaks und Jakobs (Abrahambund) wird nicht vergessen.

Schwierig ist an dieser Stelle, dass Jeremia auch den Levitenbund aufführt. Dieser scheint hier ebenfalls eine ewige Zusage zu erhalten. Anderseits gilt aus neutestamentlicher Sicht: Das levitische Priestertum ist durch das Priestertum nach der Ordnung Melchisedeks abgelöst (Hebräer 7,11; siehe auch Kap. IV. d).

c) Hesekiel kündigt einen Friedensbund an

Hesekiel ist ein Priester, der – wahrscheinlich 597 v.Chr. mit König Jojachin (2. Könige 24,14ff) – nach Babylon deportiert wurde. Vom Exil aus verkündet er seine Botschaft. Hesekiel 20,12.20-21 stellt fest: Wer den Sabbat bricht, bricht den (Sinai-) Bund.

Die Ankündigung eines guten Hirten

Und ich werde *einen* Hirten über sie einsetzen, der wird sie weiden: meinen Knecht David. ... Und ich werde einen Bund des Friedens mit ihnen schließen und werde die bösen Tiere aus dem Land austilgen; und in der Wüste werden sie sicher wohnen und in den Wäldern schlafen können.
(Hesekiel 34,23a.25).

Die Hirten, d.h. die Führer Israels, werden von Gott gerügt, weil sie nicht den Schafen gedient, sondern sie nur ausgenutzt haben (Hesekiel 34,1-8). Deswegen sollen sie zukünftig die Schafe nicht mehr weiden, sondern Gott selbst wird die Schafe weiden (V. 11-16) und »David« (gemeint ist wohl: ein Davidssohn) als Hirten einsetzen. Ein Bund des Friedens wird angekündigt (V. 25). Er wird Sicherheit und allgemeinen Wohlstand bieten (V. 26-27).[44]

Ein neues Herz und ein neuer Geist

In Hesekiel 36,1-15 weissagt Gott dem Land Israel, dass er es wieder mit dem Haus Israel bevölkern wird. Dann weissagt er dem verstreuten Volk, dass er es nach Israel zurückholen wird. *Gottes Volk braucht Gottes Land und Gottes Land braucht Gottes Volk.*

Wie in Jeremia 32,40 macht Gott in Hesekiel 36,26-27 deutlich, dass er durch Herzensveränderung selbst dafür sorgen wird, dass die Menschen in seinen Ordnungen leben können. Der Geist Gottes wird in *alle* Herzen gegeben. Vorher kam er nur über bestimmte Personen, meistens im Zusammenhang mit besonderen Aufträgen.

> Und ich werde euch ein neues Herz geben und einen neuen Geist in euer Inneres geben; und ich werde das steinerne Herz aus eurem Fleisch wegnehmen und euch ein fleischernes Herz geben. Und ich werde meinen Geist in euer Inneres geben; und ich werde machen, dass ihr in meinen Ordnungen lebt und meine Rechtsbestimmung bewahrt und tut. (Hesekiel 36,26-27)

---

[44] Hosea 2,20 kündigt einen dazu passenden Bund an, den Gott für Israel mit den Tieren schließen will, damit Israel in Sicherheit und Frieden wohnen kann.

Weitere Merkmale des Friedensbundes

Hesekiel bekommt von Gott eine Vision (Hesekiel 37,1-14): Er sieht ein Feld voller Skelettknochen, die in zwei Phasen wieder zum Leben erweckt werden. Die Erklärung dieser Vision endet mit der erneuten Zusicherung Gottes, dass er seinen Geist dem Volk Israel geben wird (V. 14).

> Und ich schließe mit ihnen einen Bund des Friedens, ein ewiger Bund wird es mit ihnen sein; den gebe ich ihnen und lasse sie zahlreich werden und setze mein Heiligtum in ihre Mitte für ewig. Und meine Wohnung wird über ihnen sein; und ich werde ihnen zum Gott und sie werden mir zum Volk sein. (Hesekiel 37,26-27)

In einer weiteren Vision versichert Gott, dass er die getrennten Stämme, Nord- und Südreich, wieder zusammenführen wird. Der Friedensbund wird dann geschlossen und die dreiteilige Bundesformel verwirklicht (Hesekiel 37,26-27). Aus dem Heiligtum in Jerusalem wird das Wasser des Lebens fließen (Hesekiel 47)!

d) Der Neue Bund bei Jesaja

Jesaja stellt in 24,5 und 33,8 fest, dass die Bewohner den »(ewigen) Bund ungültig gemacht« haben. Im so genannten »Trostbuch« (ab Jesaja 40,1) wird ein neuer Bund angekün-

> Ich, der Herr, ich habe dich in Gerechtigkeit gerufen ... und mache dich zum Bund des Volkes, zum Licht der Nationen. (Jesaja 42,6)

digt und dabei an frühere Bünde erinnert[45]: Der Knecht Gottes wird hier zum »Bund des Volkes« gemacht (Jesaja 42,6; 49;8) – ein Ausdruck, der nur hier verwendet wird. Dieser Knecht wird zum Welterlöser werden, »zum Licht der Nationen, dass mein Heil reiche bis an die Enden der Erde« (Jesaja 49,6b).

Jesaja 54,9 erinnert an den Noahbund. Jesaja 55,3 prophezeit einen »ewigen Bund« in Verbindung mit dem Davidbund »getreu den unverbrüchlichen Gnadenerweisen an David«. Gott hat Gefallen an Menschen, die am Bund festhalten, dies bedeutet im damaligen Kontext, den Sabbat als Bundeszeichen zu bewahren (Jesaja 56,4.6).

Jesaja 59,20-21 kündigt einen Erlöser und damit verbunden einen Bund an, der deutliche Parallelen zum Neuen Bund bei Jeremia aufweist: Gottes Geist und Wort bleiben beim Volk und ihren Nachkommen. Der ewige Bund in Jesaja 61,8 geht einher mit der Wiederherstellung Israels.

> Und ein Erlöser wird kommen. ... Ich aber – dies ist mein Bund mit ihnen, spricht der Herr: Mein Geist, der auf dir ruht, und meine Worte, die ich in deinen Mund gelegt habe, werden nicht aus deinem Mund weichen noch aus dem Mund deiner Nachkommen, noch aus dem Mund der Nachkommen deiner Nachkommen, spricht der Herr, von nun an bis in Ewigkeit.
> (Jesaja 59,20-21)

Die Beschreibungen des Neuen Bundes bei Jeremia, des Friedensbundes bei Hesekiel und die Prophezeiungen bei Jesaja stimmen so stark überein, dass man davon ausgehen kann, dass sie sich auf den gleichen, zukünftigen Bund beziehen:

---

[45] Dumbrell, *Covenant and Creation*, 190ff, stellt die Bundestheologie bei Jesaja ausführlich dar.

Der Neue Bund aus der Sicht des Alten Testaments	
Inhalt	1. nicht wie der Sinaibund 2. getreu dem Davidbund 3. ein Erlöser (Knecht Gottes) 4. neues Herz und neuer Geist 5. allgemeine Gotteserkenntnis 6. Sündenvergebung 7. die Fähigkeit, Gebote zu halten 8. Rückführung nach Israel und Wieder- vereinigung 9. Heiligtum in ihrer Mitte
Partner	Israel und Juda
Verpflichtung	einseitig (nur Gott)
Zeichen	(noch offen)

Tabelle 6: Neuer Bund – angekündigt

VII. Der Neue Bund – von Jesus eingesetzt

Das Neue Testament beginnt mit den Worten: »Buch des Ursprungs Jesu Christi, des Sohnes David, des Sohnes Abrahams« (Matthäus 1,1). Die Geschichte Jesu Christi setzt die Geschichten von David und Abraham fort. Der Davidbund führte mit der Verheißung eines ewigen Thrones (2. Samuel 7) zu der Erwartung des in Herrlichkeit kommenden Messias, des Sohnes Davids, der einen neuen Bund (Jeremia 31, Hesekiel 36 und 37) aufrichten wird. Dieser Neue Bund ist das Zentrum des Neuen Testamentes. Dabei taucht der Begriff »Bund« im Neuen Testament deutlich weniger auf als im Alten Testament, nämlich nur 33-mal, davon allein 17-mal im Hebräerbrief (zur Erinnerung: *berît* erscheint im Alten Testament 287-mal).[46]

Das für »Bund« verwendete griechische Wort *diathēkē* bedeutet wörtlich *Verfügung*, insbesondere eine testamentarische Verfügung, deshalb auch der Name »Neues Testament«.

a) Jesus setzt den Neuen Bund ein

Und er nahm Brot, dankte, brach und gab es ihnen und sprach: Dies ist mein Leib, der für euch gegeben wird. Dies tut zu meinem Gedächtnis. Ebenso auch den Kelch nach dem Mahl und sagte: Dieser Kelch ist *der neue Bund* in meinem Blut, das für euch vergossen wird. (Lukas 22,19-20)

[46] J. Guhrt, »Bund«, 159 bzw. 161.

Beim ersten Abendmahl setzt Jesus den Neuen Bund ein. Damit sagt er quasi: *Dies ist der Bund, auf den ihr lange gewartet habt.* In den Evangelien verwendet nur Lukas (22,19-20) das Wort »neu«, Matthäus (26,26-29) und Markus (14,22-25) schreiben einfach vom »Blut des Bundes«. In den Worten »Blut des Bundes« schwingt die Erinnerung mit an die Worte des Mose, als er den Sinaibund schnitt (2. Mose 24,8; siehe S. 49). Paulus wiederum zitiert Jesus mit den Worten: »Dieser Kelch ist der neue Bund in meinem Blut« (1. Korinther 11,25). Er nennt sich selbst einen »Diener des neuen Bundes« (2. Korinther 3,6).

Hesekiel 36,26-27 hatte angekündigt, dass Gott seinen Geist in ihr Inneres gibt. So wie Gott bei der Schöpfung den Menschen Lebensatem einhauchte, so haucht Jesus seinen Jüngern den Heiligen Geist ein (Johannes 20,22). Eine neue Schöpfung findet statt, die Menschen werden »von neuem geboren« (Johannes 3,7)!

Zu Pfingsten kommt der Heilige Geist und damit beginnt die neutestamentliche Gemeinde, die Gemeinschaft der Gläubigen im Neuen Bund.

Die Innewohnung des Heiligen Geistes ist Bestandteil des Neuen Bundes und zugleich auch Erkennungszeichen. Der Heilige Geist ist ein Siegel der Verheißung, ein Unterpfand auf die Erlösung (Epheser 1,13-14). Dass die Heiden im Hause des Kornelius wirklich zum Neuen Bund gehören, erkennt Petrus daran, dass der Heilige Geist auf sie fällt (Apostelgeschichte 10,44ff; 15,8).

> Petrus aber sprach zu ihnen: »Tut Buße, und jeder von euch lasse sich taufen auf den Namen Jesu Christi zur Vergebung der Sünden! Und ihr werdet die Gabe des Heiligen Geistes empfangen.«
> (Apostelgeschichte 2,38)

Angekündigt war der Neue Bund zunächst für Israel und Juda

(siehe Tabelle 6). Durch die Gabe des Heiligen Geistes an die Heiden zeigt Gott, dass er im Neuen Bund »keinen Unterschied« zwischen Juden und Heiden macht (Apostelgeschichte 15,9). »Er hat aus beiden eins gemacht« (Epheser 2,14), wobei die Juden den Stamm bilden, in den die Heidenchristen eingepfropft sind.

b) In Jesus wird der Abrahambund erfüllt

Das Neue Testament bezeugt an mehreren Stellen, dass Jesus die Abrahamverheißung erfüllt: Zacharias dankt Gott im Zusammenhang mit der Geburt seines Sohnes Johannes (des Täufers), dass Gott nun an »seinen heiligen Bund denkt, den Eid, den er Abraham geschworen hat« (Lukas 2,72-73). Petrus bezieht sich in Apostelgeschichte 3,25 auf die Abrahamverheißung aus 1. Mose 12,3: »In deinem Samen sollen gesegnet werden alle Geschlechter der Erde.« Paulus bezeichnet 1. Mose 12,3 als das Evangelium, zu deutsch die »gute Botschaft«, denn der Segen Abrahams kommt in Jesus Christus zu den Völkern (Galater 3,14).

> Die Schrift aber, voraussehend, dass Gott die Nationen aus Glauben rechtfertigen werde, verkündigte dem Abraham die gute Botschaft voraus: »In dir werden gesegnet werden alle Nationen.«
> (Galater 3,8)

> Ihr aber seid ein auserwähltes Geschlecht, *ein königliches Priestertum*, eine heilige Nation, ein Volk zum Besitztum, damit ihr die Tugenden dessen verkündigt, der euch aus der Finsternis zu seinem wunderbaren Licht berufen hat, die ihr einst »nicht ein Volk« wart, jetzt aber ein Volk Gottes seid (1. Petrus 2,9-10a).

🌍 Damit der Segen Abrahams alle Völker erreichen kann, ist Mission notwendig. Petrus überträgt in 1. Petrus 2,9-10 die Missionsverantwortung aus 2. Mose 19,5-6 auf die Gemeinde, das Volk des Neuen Bundes. Mit der Erwählung ist eine Verantwortung verbunden, das Evangelium zu verkündigen. Die Christen übernehmen eine priesterliche Funktion, die schon für Israel gedacht war (siehe S. 47).

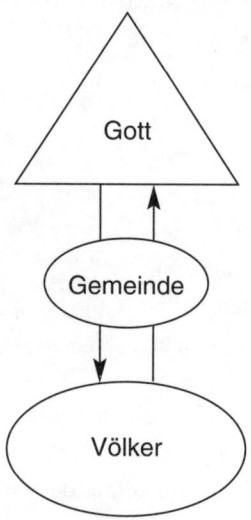

Abbildung 9: Die Gemeinde des Neuen Bundes als Priestervolk

Jesus benennt in Apostelgeschichte 1,8 das Programm für die Weltmission, angefangen in der Apostelgeschichte: Die Christen werden Zeugen sein, zuerst in Jerusalem, dann in Judäa und Samaria, schließlich in der ganzen Welt. Neutestamentliche Mission ist zentrifugal ausgerichtet im Unterschied zum zentripetalen Missionsverständnis in Israel (siehe auch S. 72):

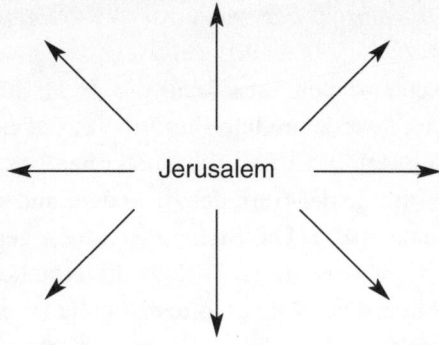

Abbildung 10: Zentrifugales Missionsverständnis im Neuen Testament

Die ersten Christen müssen dabei erst lernen, zur Mission *in die Welt zu gehen* (Matthäus 28,19), statt in Jerusalem auf die Welt zu warten. Erst durch die Verfolgungssituation (Apostelgeschichte 8,1ff) zerstreuen sich die Christen aus Jerusalem und die Zerstreuten »gehen umher und verkündigen das Wort« (Apostelgeschichte 8,4). Ausgerechnet die Apostel, die als Führer eigentlich hätten vorangehen sollen, bleiben trotz Zerstreuung in Jerusalem (Apostelgeschichte 8,1). Vermutlich meinen sie auf Grund des zentripetalen Missionsverständnisses des Alten Testaments gerade wegen der Sache Jesu in Jerusalem bleiben zu müssen, um bei dem in Sacharja 8,22 angekündigten Kommen der Völker nach Jerusalem diesen das Evangelium zu bezeugen.

Die Zahlen 12 und 70 bei der Aussendung der Jünger

Lukas 9 berichtet davon, dass Jesus die Zwölf aussendet, um »das Reich Gottes zu predigen und die Kranken gesund zu machen« (Lukas 9,2). Ein Kapitel später heißt es: »Nach diesem aber bestimmte der Herr siebzig andere und sandte sie zu je zwei« (Lukas 10,1). Die Siebzig[47] werden genauso angewiesen wie die Zwölf vorher: »Heilt die Kranken darin und sprecht zu ihnen: Das Reich Gottes ist nahe zu euch gekommen« (Lukas 10,9). Die Zahlen 12 und 70 haben beide eine besondere Bedeutung im Zusammenhang mit dem Neuen Bund.

Die Wahl von zwölf Jüngern (Lukas 6,13) symbolisiert natürlich die zwölf Stämme Israels. Aber die meisten der zwölf Stämme sind zur Zeit Jesu verstreut. Sie leben nicht mehr im verheißenen Land. Die Zahl Zwölf ist nicht nur ein Verweis zurück auf das geschichtliche Zwölfstämmevolk, sondern vor allem ein Hinweis nach vorne: Laut der alttestamentlichen Hoffnung ist mit dem Neuen Bund auch eine Rückführung und Wiedervereinigung der zwölf Stämme verbunden (siehe Tabelle 6). Durch die Wahl von zwölf Jüngern zeigt Jesus, dass mit ihm diese Erfüllung kommen wird.

Die Zahl Siebzig erinnert an die in 1. Mose 10 genannten siebzig Völker dieser Erde (vgl. S. 27).[48] Mit dem Neuen Bund kommt der in 1. Mose 12 verheißene Segen Abrahams zu den in

---

[47] Manche Bibelübersetzungen schreiben hier zweiundsiebzig. Welche Zahl genau stimmt, ist ungewiss, da die zugrunde liegenden Handschriften sich hier unterscheiden. Laut der Septuaginta, der griechischen Übersetzung des Alten Testaments, sind in 1. Mose 10 zweiundsiebzig Völker aufgeführt.

[48] Eine weitere Parallele findet man in 4. Mose 11,16, wo Mose sich siebzig Männer auswählt, die ihn unterstützen.

1. Mose 10 aufgeführten Völkern, deren Zerstreuung in 1. Mose 11 berichtet wird. Der Evangelist Lukas macht deutlich: Die Sendung der Siebzig zielt auf die Völker dieser Welt.

c) Jesus erfüllt den Davidbund

Jesus ist sowohl durch seinen (Pflege-)Vater Josef (Matthäus 1) als auch durch seine Mutter Maria (Lukas 3,33-38) ein Nachkomme Davids. Der Engel kündigt Maria an, dass ihr Sohn den Davidbund erfüllen wird: »Dieser wird groß sein und Sohn des Höchsten genannt werden; und der Herr, Gott, wird ihm den Thron seines Vaters David geben; und er wird über das Haus Jakobs herrschen in Ewigkeit, und seines Königtums wird kein Ende sein« (Lukas 1,32-33). Zacharias sieht in Jesus »ein Horn des Heils aufgerichtet im Haus Davids« (Lukas 2,69).

Auch in den neutestamentlichen Briefen findet sich Vergleichbares: Hebräer 1,5 kombiniert das Psalmwort »Mein Sohn bist du, ich habe dich heute gezeugt« (Psalm 2,7) und das Wort aus der Davidsverheißung »Ich werde ihm Vater und er wird mir Sohn sein« (2. Samuel 7,14), bezeugt damit also, dass Jesus genau diese Davidsverheißung erfüllt. Paulus bezieht das Wort aus Psalm 2,7 in seiner Predigt in Antiochien (Apostelgeschichte 13,14-43) ebenfalls auf Jesus (V. 33). Er erinnert dann an die »zuverlässigen heiligen Güter Davids« (V. 34), womit die unumstößlichen Bundeszusagen an David gemeint sind, die nun in Jesus erfüllt werden. Mit Jesu Kommen bricht das »Reich Gottes« an (Markus 1,15; Lukas 17,20-21 u.a.), auf das die Gläubigen im Alten Testament im Zusammenhang mit dem Davidssohn hofften.

d) Jesus – ein Priester nach der Ordnung Melchisedeks

Jesus ist ein Nachkomme Davids und damit aus dem Stamm Juda, »von welchem Stamm Mose nichts in Bezug auf Priester geredet hat« (Hebräer 7,14). Jesus kann deshalb keinen levitischen Priesterdienst vollbringen. Der Hebräerbrief bezieht den priesterlichen Dienst Jesu – mit dreimaligem Hinweis (5,6; 7,17.21) auf Psalm 110,4 – auf das »Priestertum nach der Ordnung Melchisedeks«. Da das levitische Priestertum nicht die Vollendung erreicht, wird es durch ein »besseres« Priestertum abgelöst:

> Wenn nun die Vollendung durch das levitische Priestertum erreicht worden wäre – denn in Verbindung mit ihm hat das Volk das Gesetz empfangen – welche Notwendigkeit bestand dann noch, einen anderen Priester nach der Ordnung Melchisedeks aufzustellen und nicht nach der Ordnung Aarons zu nennen? Denn wenn das Priestertum geändert wird, so findet notwendigerweise auch eine Änderung des Gesetzes statt.
> (Hebräer 7,11-12)

1. Das levitische Priestertum geschah ohne Eidschwur, das Priestertum nach Melchisedek mit Eidschwur (Hebräer 7,20-21).

2. Die levitischen Priester starben, Jesus aber lebt in Ewigkeit (Hebräer 7,23-24).

3. Vorher waren viele Priester notwendig, jetzt genügt einer.

4. Die levitischen Priester mussten erst für ihre eigenen Sünden Schlachtopfer bringen, Jesus blieb sündlos (Hebräer 7,26-27).

5. Die levitischen Priester opferten Tierblut, Jesus opferte sein eigenes Blut (Hebräer 9,13-14; 10,4).

6. Die levitischen Priester gingen in ein »mit Händen gemachtes Heiligtum«, Jesus ging in das wirkliche Heiligtum und sitzt dort zur Rechten Gottes (Hebräer 8,1-2; 9,24).
7. Die Schlachtopfer im Alten Testament mussten regelmäßig wiederholt werden, Jesu Opfer ist ein für allemal geschehen (Hebräer 10,1-3.10).

Jesus ist durch sein hohepriesterliches Selbstopfer Bürge (Hebräer 7,22) und Mittler (8,6) des Neuen Bundes. Er kam, um das Gesetz zu erfüllen (Matthäus 5,17) – und damit ist es erfüllt. »Mit der Einsetzung Jesu zum himmlischen Hohenpriester hat das irdische Priestertum seine Vollendung und seinen Abschluss gefunden.«[49]

e) Der Neue Bund löst den Sinaibund ab

Dies ergibt sich insbesondere aus dem Hebräerbrief und den paulinischen Briefen:

Hebräerbrief: Ein geändertes Priestertum verlangt nach Hebräer 7,12 eine Gesetzesänderung. Hebräer 7,18 bezeichnet das Gesetz sogar als »aufgehoben«. Das dort verwendete

Denn aufgehoben wird zwar das vorhergehende Gebot seiner Schwachheit und Nutzlosigkeit wegen. (Hebräer 7,18).

griechische Wort kommt aus dem juristischen Bereich und bedeutet Annullierung, Außerkraftsetzung, Ungültigkeitserklärung

---

[49] Fritz Laubach, *Der Brief an die Hebräer*, 162.

eines Gesetzes.[50] Mit anderen Worten: *Der Neue Bund annulliert den Sinaibund.* Deutlicher kann man es kaum formulieren.

Hebräer 8,13 bezeichnet folgerichtig den Sinaibund nicht nur als alt, sondern als »veraltet«.

Hebräer 9,10 sieht die Opferregelungen, Speiseregelungen etc. des Alten Bundes als »Satzungen des Fleisches, die bis zur Zeit einer richtigen Ordnung auferlegt sind«.

> Indem er von einem neuen Bund spricht, hat er den ersten für veraltet erklärt, was aber veraltet und sich überlebt, ist dem Verschwinden nahe. (Hebräer 8,13)

Paulinische Briefe: Wie schon eingangs erwähnt, differenziert Paulus im Galaterbrief deutlich zwischen dem Abrahambund und dem Sinaibund. »Einen vorher von Gott bestätigten Bund macht das vierhundertdreißig Jahre später entstandene Gesetz nicht ungültig« (Galater 3,17).

Das Gesetz ist dabei allerdings nicht schlecht, sondern »heilig und gerecht und gut« (Römer 7,12). Aber es dient nur als Zuchtmeister, bis Christus kommt (Galater 3,23-24).

»Nachdem aber der Glaube gekommen ist, sind wir nicht mehr unter einem Zuchtmeister« (Galater 3,35), d.h. nicht mehr unter dem Gesetz des Sinaibundes. »Denn Christus ist

> Dies hat einen bildlichen Sinn; denn diese Frauen bedeuten zwei Bündnisse: eines vom Berg Sinai, das in die Sklaverei hinein gebiert, das ist Hagar. Das Jerusalem droben aber ist frei, und das ist unsere Mutter. (Galater 4,24-26)

das Ende des Gesetzes« (Römer 10,4). In Galater 4,19-31 bezieht sich Paulus auf die beiden Abrahamsöhne Isaak und Isma-

---

[50] Vgl. William Lane, *Hebrews 1-8,* 175 und 185.

el und legt deren unterschiedliche Herkunft bildlich aus: Das Gesetz identifiziert er mit Ismael als Sohn der Hagar, die Freiheit und Verheißung mit Isaak als Sohn der Sara. Christen haben wie Isaak teil an Abrahams Verheißung (Galater 4,28), sind aber befreit vom Sinaibund und von der Beschneidung (Galater 5,2ff). Das Eintrittszeichen in den Neuen Bund ist die Taufe (Galater 3,27) statt der Beschneidung.

In 2. Korinther 3,6-7 stellt Paulus den Neuen Bund dem Gesetz des Mose gegenüber: Der Neue Bund ist ein Bund des Geistes, »der Geist aber macht lebendig«. Das Gesetz dient dem Buchstaben, der tötet, ist mithin ein »Dienst des Todes«. Das mosaische Gesetz ist ein »alter Bund« (2. Korinther 3,14).

Römer 9-11 stellt andererseits klar, dass Israel jetzt nicht einfach verstoßen ist (Römer 11,1). An die Israeliten waren ja die Bündnisse ursprünglich gerichtet (Römer 9,4). So sehr Paulus sich vorher vom Gesetz abgrenzt, so betont er nun, dass die Christen nur wie ein Ölzweig in einen kultivierten Ölbaum »hineingepfropft« sind (Römer 11,17). Der Neue Bund hat seine Wurzel in Gottes Gnadengaben an Israel (Römer 11,18.29). Römer 11,25-27 verweist auf den in Jesaja 59,20-21 angekündigten Bund und macht deutlich, dass die vollständige Erfüllung noch bevorsteht: »Verstockung ist Israel zum Teil widerfahren, bis die Vollzahl der Nationen hineingekommen sein wird; und so wird ganz Israel errettet werden« (V. 25b-26a).

Epheser 2,12 unterstreicht den Gedanken von Römer 9-11: Die Völker waren zuvor »ausgeschlossen vom Bürgerrecht Israels und Fremdlinge hinsichtlich der Bündnisse der Verheißung«.

Der Neue Bund	
Inhalt	Jesus erfüllt den Abrahambund und den Davidbund, die im Neuen Bund weiterleben. Jesus erfüllt den Sinai- und den Levitenbund und hebt diese damit auf. Der Heilige Geist wohnt im Herzen der Gläubigen.
Partner	alle Menschen, die an Jesus glauben
Verpflichtung	einseitig, von Jesus am Kreuz auf sich genommen
Zeichen	1. Taufe (= einmaliger Eintritt in den Bund) 2. Abendmahl (= permanentes Erinnern an den Bund)

Tabelle 7: Neuer Bund – eingesetzt

f) Welche mosaischen Gebote sind für den Christen bindend?

Diese Frage rührt an ein komplexes Thema, über das schon viel geschrieben wurde. Auf die Fülle der Argumente und Antwortmöglichkeiten gehe ich hier nicht ein, weil dies nicht das Hauptthema dieses Buches ist. Ich werde eine Antwort skizzieren, die sich aus den vorangehenden Betrachtungen über den Neuen Bund ergibt.[51] Nach einer rabbinischen Zählweise erhielt Mose

---

[51] Hierbei orientiere ich mich stark an David A. Dorsey, »The Law of Moses and the Christian: A Compromise«.

am Sinai 613 Gebote.[52] Es geht also im Folgenden nicht nur um die so genannten Zehn Gebote.

Einerseits lehrt das Alte Testament, dass es universell gültige Gesetze gibt. Sonst könnte Gott nicht Richter aller Völker sein (Jesaja 41,1ff). Andererseits ist schon bei der Lektüre des Alten Testaments klar, dass nicht alle alttestamentlichen Gesetze universal gültig sein können. Manche Gesetze sind kulturell oder geographisch bedingt: Das schon in I. c erwähnte Gebot des Geländerbauens auf dem Hausdach (5. Mose 22,8) macht nur bei einem Flachdach Sinn, auf dem man wie auf einer Terrasse umhergeht. Die zeitlichen Regelungen der Erntefeste (3. Mose 23) sind natürlich den Erntezeiten in Israel angepasst, sie passen folglich weder für die Südseite der Erde noch für die Tropen, wo zu anderen Zeiten geerntet wird. Auch das Gebot »Ehre Vater und Mutter« (2. Mose 20,12) bezieht sich in der Verheißung zunächst auf das Land Kanaan. Ferner weiß schon das Alte Testament darum, dass manche Gebote zeitlich begrenzt sind: Jeremia 31 kündigt einen neuen Bund an, der den Sinaibund und seine Gesetze ablöst.

Auch im Neuen Testament finden wir Aussagen, die auf den ersten Blick widersprüchlich erscheinen. Einerseits sagt Jesus (Matthäus 5,17): »Ich bin nicht gekommen das Gesetz aufzulösen, sondern um es zu erfüllen.« Und Paulus nennt in Römer 7,12 das Gesetz und die Gebote »heilig und gerecht und gut«. Andererseits hebt das Neue Testament ausdrücklich etliche Gesetze des Alten Testaments auf, z.B. die Beschneidung (Apostelgeschichte 15,5.10.19, Galater 5,2), die Opfergesetze (Hebräer 10,18), die Speisegesetze (Hebräer 9,20), das Halten bestimmter Tage (Galater 4,10; Kolosser 2,16-17).

---

[52] Ebd., 321. 613 erscheint dabei als Summe von 365, die Tage in einem Jahr, und 248, der – nach damaligem Wissen – Anzahl der Teile eines menschlichen Körpers.

Wie sollen wir nun herausfinden, welche alttestamentlichen Gesetze für Christen gelten?

Manche teilen die alttestamentlichen Gesetze in drei Kategorien ein: moralische, zeremonielle und bürgerliche Gesetze. Es ergäbe sich dann für den Christen folgende Regelung:

1. Die zeremoniellen Gesetze, z.B. Opfergesetze, sind im Neuen Testament aufgehoben.

2. Die bürgerlichen Gesetze, z.B. die Zufluchtsstädte, gelten nur für den Staat Israel.

3. Die moralischen Gesetze, z.B. die Zehn Gebote, gelten auch für Christen.

So einleuchtend diese Dreiteilung sein mag; das Alte Testament kennt diese Dreiteilung nicht. Eine solche Struktur ist dort nirgends auszumachen. Das Gebot der Nächstenliebe (3. Mose 19,18) steht direkt neben dem Verbot des Mischgewebes (3. Mose 19,19). Das erste würde man wohl als moralisch und damit überzeitlich einordnen, aber in welche Kategorie wird dann das zweite einsortiert?

Abgesehen davon, dass eine Fülle von Antwortmöglichkeiten zu dem Thema existieren, gibt es rein formal zwei Alternativen als Eckpfeiler:

1) Für den Christen gelten formal alle jene Gebote des Alten Testaments, die nicht ausdrücklich im Neuen Testament aufgehoben werden.

2) Für den Christen gelten formal nur die Gebote des Alten Testaments, die ausdrücklich im Neuen Testament bestätigt werden.

Aufgrund der Überlegungen in Abschnitt e) scheint mir die Alternative 2) die richtige zu sein: Der Sinaibund ist durch den Neuen Bund abgelöst, und damit ist sein Gesetz nicht mehr rechtskräftig. Jesus kam, um das Gesetz zu erfüllen (Matthäus

5,17). Durch Jesu Opfertod ist das Gesetz erfüllt, und dies bedeutet das Ende des Gesetzes (Römer 10,4).

Konkret bedeutet das Folgendes: Von den Zehn Geboten werden bis auf das Sabbatgebot alle im Neuen Testament bestätigt. Sie gelten also auch für Christen. Das Sabbatgebot, Zeichen des Sinaibundes, wird im Neuen Testament nicht wiederholt, es ist somit für den Christen formal nicht bindend. (Sonst hätte man den Feiertag auch nicht einfach auf den Sonntag schieben dürfen, siehe dazu auch Kolosser 2,16.)

Dies bedeutet aber nicht, dass das Alte Testament keine Bedeutung für Christen hätte! Im Gegenteil: Charakteristisch für den Neuen Bund ist, das nun das Gesetz im Herzen der Menschen ist. Christen haben keinen schriftlich fixierten Gesetzeskatalog zu erfüllen, sondern sie sind aufgerufen, sich durch die Erneuerung des Sinns verwandeln zu lassen, um prüfen zu können, »was der Wille Gottes ist: das Gute und Wohlgefällige und Vollkommene« (Römer 12,2). Dies setzt voraus, dass jeder Christ sich bemüht, möglichst viel über Gott zu erfahren. Das ganze Alte Testament offenbart uns etwas über Gott. Es lohnt sich daher, auch die Gebote des Sinaibundes zu studieren, um zu erkennen, was Gott damit beabsichtigt hat. Dann können wir überlegen, was dies wohl für uns heute bedeutet.

Auch wenn das Sabbatgebot uns nicht formal bindet und somit nicht heilsnotwendig für uns ist: Das Halten eines Ruhetages in der Woche ist schöpfungsgemäß und als solches eine Wohltat für den Menschen. Auch wenn es bei unserer Hausbauart keinen Sinn macht, ein Geländer um das Dach zu bauen (5. Mose 22,8), so erkennen wir an diesem Gebot, dass Gott sich um das leibliche Wohl der Menschen sorgt und dem Hausbesitzer eine Verantwortung zuspricht, dass kein Bewohner oder Besucher durch unsachgemäßes Bauen zu Schaden kommt.

Rein formal binden uns nur jene der 613 Gebote des Sinai-
bundes, die im Neuen Testament bestätigt werden. Aber jedes
der 613 Gebote offenbart uns etwas über Gott, über seinen Wil-
len, und ist deshalb wertvoll für uns.

g) Die Vollendung des Neuen Bundes

In einer zweitausendjährigen Geschichte hat Gott sein Volk, das
er eigens geschaffen hat, vorbereitet auf den Neuen Bund. Israel
hat über das rationale Verstehen hinaus die Elemente des Neuen
Bundes existenziell in den vorherigen Bünden erlebt: Die Bewahrung bei Noah, das Glaubensprinzip bei Abraham, die Hei-
ligkeit Gottes bei Mose, den Sinn der Opfer bei den Priestern,
die Königsherrschaft bei David.

Offenbarung 21-22, die letzten beiden Kapitel der Bibel, beschreiben die Vollendung der Verheißungen des Alten und Neu-
en Testaments. Der Segen ist über Abraham, Mose, David und
Christus zu allen Völkern gekommen. Die dreiteilige Formel
wird dann zur vollständigen Wirklichkeit:

> Siehe, das Zelt Gottes bei den Menschen!
> Und er wird bei ihnen wohnen,
> und sie werden sein Volk sein,
> und Gott selbst wird bei ihnen sein, ihr Gott.
> (Offenbarung 21,3)

Literatur

Allan, Leslie C., *Psalms 101-150*. Word Biblical Commentary 21, Waco, Texas: Word, 1983.

Betz, Otto, »Glaube«, in: Helmut Burkhardt und Uwe Swarat (Hrsg.), *Evangelisches Lexikon für Theologie und Gemeinde, Band 1,* Studienausgabe, 2. Aufl. Wuppertal: R. Brockhaus, 1998. 768-769.

Betz, Otto, »Priester und Leviten«, in: Helmut Burkhardt und Uwe Swarat (Hrsg.), *Evangelisches Lexikon für Theologie und Gemeinde, Band 4,* Studienausgabe, 2. Aufl., Wuppertal: R. Brockhaus, 1998. 1892-1902.

Bruce, Frederick F., *Zwei Testamente – eine Offenbarung,* Wuppertal: R. Brockhaus,1972.

Cahill, Thomas, *Abrahams Welt. Wie das jüdische Volk die westliche Zivilisation erfand*, Köln: Kiepenheuer & Witsch, 2000.

Dorsey, David A., »The Law of Moses and the Christian: A Compromise«, *Journal of Evangelical Theological Society,* 34/3, Sept. 1991. 321-334.

Dumbrell, William J., *Covenant and Creation. A Theology of the Old Testament Covenants,* Biblical and Theological Classics Library, Carlisle: Paternoster Press, 2002.

Egelkraut, Helmuth (Hrsg.), W. S. LaSor, D. A. Hubbard, F.W. Bush, *Das Alte Testament. Entstehung – Geschichte – Botschaft,* 3. erw. Aufl., Gießen: Brunnen, 1992.

Egelkraut, Helmuth, *Alttestamentliche Theologie im Lichte der Psalmen,* Vorlesung Columbia Biblical Seminary, Korntal, Frühjahrssemester 1996.

Eichrodt, Walther, *Theologie des Alten Testaments, Teil 1,* 6. durchgeseh. Aufl., Stuttgart: Ehrenfried Klotz Verlag, 1959.

Elberfelder Studienbibel mit Sprachschlüssel Altes Testament, Wuppertal: R. Brockhaus, 2001.

Fensham, F. C., E. J. Schnabel und T. Pola. »Bund«, in: Helmut Burkhardt, Fritz Grünzweig, Fritz Laubach, Gerhard Maier (Hrsg.), *Das große Bibellexikon, Band 1,* 1. Taschenbuchaufl., Wuppertal: R. Brockhaus, Gießen: Brunnen, 1996. 317-323.

Gäckle, Volker, »Bund«, in: Helmut Burkhardt und Uwe Swarat (Hrsg.), *Evangelisches Lexikon für Theologie und Gemeinde, Band 1,* Studienausgabe, 2. Aufl., Wuppertal: R. Brockhaus, 1998. 326-328.

Guhrt, Joachim, »Bund«, in: Lothar Coenen, Erich Beyreuther und Hans Bietenhard, *Theologisches Begriffslexikon zum Neuen Testament,* Studienausgabe, Band 1, 5. Aufl., Wuppertal: R. Brockhaus, 1990. 157-161.

Hempel, Johannes, »Bund im AT«, in: *Religion in Geschichte und Gegenwart*, 3. Aufl., Digitale Bibliothek, Berlin 2000. 5156-5164.

Herrmann, Siegfried, »Bund – eine Fehlübersetzung von *berît*?«, in: ders., *Gesammelte Studien zur Geschichte und Theologie des Alten Testaments,* München, 1986. 210-220.

Kaiser, Walter C. Jr., *The Christian and Old Testament Theology – A Study Guide*, Grand Rapids: Institute of Theological Studies, 1989.

Kaiser, Walter C. Jr., *Toward an Old Testament Theology*, Paperback Ed., Grand Rapids: Zondervan Publishing House, 1991.

Kaiser, Walter C. Jr., *Toward Rediscovering the Old Testament*, Paperback Ed., Grand Rapids: Zondervan Publishing House,1991.

Kitchen, K. A., Mitchell, T. C. und Pola, Thomas, »Chronologie des AT«, in: Helmut Burkhardt, Fritz Grünzweig, Fritz Laubach, Gerhard Maier (Hrsg.), *Das große Bibellexikon, Band 1,* 1. Taschenbuchaufl., Wuppertal: R. Brockhaus, Gießen: Brunnen, 1996. 341-352.

Kutsch, Ernst, »*berît* Verpflichtung« in: Ernst Jenni und Claus Westermann (Hrsg.), *Theologisches Handwörterbuch zum Alten Testament, Band 1,* 5. Aufl., Gütersloh: Chr. Kaiser/Gütersloher Verlagshaus, 1994. 339-352.

Lane, William, *Hebrews 1-8,* Word Biblical Commentary 47A, Dallas, Texas: Word, 1991.

Laubach, Fritz, *Der Brief an die Hebräer,* Wuppertaler Studienbibel, 6. Aufl., Wuppertal: R. Brockhaus, 1979.

McKenzie, Steven L., *Covenant,* Understanding Biblical Themes, St. Louis, Missouri: Chalice Press, 2000.

Peters, George W., *Missionarisches Handeln und biblischer Auftrag. Eine biblisch-evangelische Missionstheologie,* 2. überarb. Aufl., Bad Liebenzell: Verlag der Liebenzeller Mission, 1985.

von Rad, Gerhard, *Das erste Buch Mose/Genesis*. Das Alte Testament Deutsch, 9. überarb. Aufl., Göttingen: Vandenhoeck & Ruprecht, 1972.

von Rad, Gerhard, *Theologie des Alten Testaments, Band 1*, 10. Aufl., München: Kaiser, 1992.

Rendtorff, Rolf, *Theologie des Alten Testaments. Ein kanonischer Entwurf, Band 2, Thematische Entfaltung,* Neukirchen-Vluyn: Neukirchener, 2001.

Richards, Larry, Illustrated by Paul Richards, *Every Promise in the Bible,* Nashville: Thomas Nelson Pub., 1998.

Schenker, Adrian, »Der nie aufgehobene Bund: Exegetische Beobachtungen zu Jeremia 31,31-34«, in: Erich Zenger (Hrsg.), *Der Neue Bund im Alten. Studien zur Bundestheologie der beiden Testamente,* Freiburg: Herder, 1993. 85-112.

Scofield-Bibel Revidierte Elberfelder Übersetzung, Wuppertal, Zürich: R. Brockhaus, 1992.

Stoebe, Hans Joachim, »*hesed* Güte«, in: Ernst Jenni und Claus Westermann (Hrsg.), *Theologisches Handwörterbuch zum Alten Testament, Band 1,* 5. Aufl., Gütersloh: Chr. Kaiser/Gütersloher Verlagshaus, 1994. 600-622.

Tate, Marvin E., *Psalms 51-100.* Word Biblical Commentary Vol. 20, Dallas: Word,1990.

Wiesner, Werner, »Alter und neuer Bund, dogmatisch«, in: *Religion in Geschichte und Gegenwart*, 3. Aufl., Digitale Bibliothek, Berlin 2000. 5178-5183.

Zenger, Erich (Hrsg.), *Der Neue Bund im Alten. Studien zur Bundestheologie der beiden Testamente,* Freiburg: Herder, 1993.

Zimmerli, Walther, *Grundriß der alttestamentlichen Theologie,* 7. Aufl., Stuttgart: Kohlhammer, 1999.

Bibelstellenregister